新三板，
资本追逐的新战场

XINSANBAN,
ZIBEN ZHUIZHU DE XINZHANCHANG

段 东 | 著

图书在版编目(CIP)数据

新三板，资本追逐的新战场 / 段东著 . —北京：北京大学出版社，2015.12
ISBN 978-7-301-26388-4

Ⅰ.①新… Ⅱ.①段… Ⅲ.①中小企业—企业融资—研究—中国 Ⅳ.① F279.243

中国版本图书馆 CIP 数据核字(2015)第 244623 号

书　　　名	新三板，资本追逐的新战场 Xinsanban, Ziben Zhuizhu de Xinzhanchang
著作责任者	段　东 著
责 任 编 辑	宋智广　栾　喜
标 准 书 号	ISBN 978-7-301-26388-4
出 版 发 行	北京大学出版社
地　　　址	北京市海淀区成府路 205 号　100871
网　　　址	http://www.pup.cn　新浪微博：@ 北京大学出版社
电 子 信 箱	sgbooks@126.com
电　　　话	邮购部 62752015　发行部 62750672　编辑部 82670100
印 刷 者	北京嘉业印刷厂
经 销 者	新华书店
	787 毫米 ×1092 毫米　16 开本　13.5 印张　164 千字 2015 年 12 月第 1 版　2015 年 12 月第 1 次印刷
定　　　价	49.00 元

未经许可，不得以任何方式复制或者抄袭本书之部分或者全部内容。
版权所有，侵权必究
举报电话：010-62752024　电子信箱：fd@pup.pku.edu.cn
图书如有印装质量问题，请与出版部联系，电话：010-62756370

推荐序 1

目前,中国的经济结构正在发生深刻变革。这种变革的重要标志是产业结构的调整与金融制度的创新。

中国改革开放三十多年,我们的 GDP 总量、经济规模总量已经跃居世界第二。但经济质量的有效提高还需解决以下两个方面的问题:一方面,必须解决重复建设、低端制造、产品过剩,即产业结构转型的问题;另一方面,必须推动我们国家创新战略的实现,即依托科技创新能力实现产业升级。但是我们应该看到,产业转型、升级都离不开金融的支撑。金融资本的流向决定了产业的兴衰、变迁、升级与结构调整。

现阶段,传统金融体系中的商业银行大多数都存在以下三大瓶颈:一是银行信贷业的风险管理体制无法有效支撑中国大批中小微企业、创新企业的发展;二是银行缺乏有效的风险分散功能,容易导致风险"存量化",而不是"流量化",风险难以流动;三是这种金融体制缺乏财富增长的市场机制,难以使金融投资者享受经济增长、资产成长带来的效应。银行业风险管控机制，决定了银行信贷业务更多地关注大企业、国有企业的融资，而无法有效地解决中国中小微企业与创新经济的发展。

证券市场是为国家经济服务的市场，更是为上市公司和投资人服务的市场。证券市场具备直接融资、价值发现、风险流动的特点。而新三板，作为中国多层次资本市场的重要组成部分，从其诞生那天起，就服务于"大众创业，万众创新"的国家战略与使命，成为推动中国创新经济发展的金融支点。全国中小企业股份转让系统主要是为"创新型、创业型、成长型中小微企业的发展服务"。2013年12月，国务院为新三板作了上述定位。自此，新三板敞开大门接纳各类中小微企业融入资本市场。新三板由于门槛较低，至2015年9月30日，已经有3585家公司顺利实现挂牌。如果政策不发生变化，预计2015年年底新三板市场规模有可能接近5000家。如果我们将其与深沪主板股票市场对比，数量可谓巨大。

自做市商交易制度推行以来，新三板迅速成为中国中小微企业家、金融机构、投资者关注的资本市场板块，极大地刺激了中国产业结构的分化、转型、升级与行业整合，吸引大量社会资本投资企业，推进一大批高成长、高科技、高创新企业的发展。

尽管如此，新三板目前仍然属于发展规范初期，仍然有较长的路要走，但它已经成为中国多层次资本市场的重要组成部分，相信未来新三板就像段东先生书中所言，会有一个美好的未来。

太平洋证券作为较早介入新三板市场的证券公司之一，亲身经历了新三板诞生与成长、快速发展、规范发展的历史，且作为这个市场的见证者之一，推动了众多企业成功挂牌新三板，推动大量科技型企业融资、做市与资本运营。新三板资本市场已经成为太平洋证券重点关注的业务领域。

本书作者段东先生是我的朋友。段东先生是中关村中联企业金融投资创新促进会会长，这是一家由中关村管委会指导的全国性金融社团组织。我本人非常赞赏段东先生提出的"引领中关村创业大潮，孵化国际化创新企业"的促进会使命。太平洋证券与其他机构一起，也多次参与了促进会举办的新三板路演活动，与段东先生领导的促进会一道，为推动中国新三板资本市场的健康发展贡献一份力量。

同时，段东先生领导的中联睿银投资控股有限责任公司也是太平洋证券的重要战略合作伙伴。段东先生不仅有专业独到的眼光，更重要的是，他有十几年的咨询功底，而今又借助金融的力量，帮助企业实现资本运营、战略定位、投后管理与产业整合，极大地推动了中国新三板企业的升级与发展。

段东先生透过现象，挖掘了新三板发展背后的经济政策导向，揭示了新三板资本市场的特点与定位，分析了新三板资本市场的发展规律和未来趋势，分析相当到位。本书读后，能感受到段东先生对新三板资本市场的独特理解。我个人认为，这本有关金融的书籍，对于新三板上市和拟上市公司企业家、新三板股权投资机构以及其他研究者，均具有一定的参考价值，非常值得一读。

是为序。

王大庆
太平洋证券监事会主席

推荐序 2

新三板是中国资本市场创新发展的产物,是中国打造多层次资本市场的一个伟大创举。新三板资本市场的建立,不仅有效地承接了中国经济转型的国家战略,也丰富了中国资本市场体系。新三板的推出,极大地推动着中国大批中小微企业从实业经营走向资本经营,也推动了中国创新经济的大力发展,推动了中国中小微企业参与全球科技领域竞争的热情。

作为我国多层次资本市场的一个重要组成部分,新三板为中国的中小微企业打开了一扇通往资本市场的大门。相对于主板与创业板,新三板上市门槛大大降低,催生了一大批中小微企业成为公众公司,最终通过一级市场、二级市场股权交易,实现企业股权流动与规范管理。

中国仍然是世界上动力最强的经济体。李克强总理在 2015 年大连夏季达沃斯论坛上提到:中国打造多层次资本市场的国策不会变。因此,我们的企业家应该关注两点:第一要关注产业转型升级,关注高科技与传统商业模式的结合;第二要研究新三板等新兴资本市场,以金融的手段推动产业升级和转型。

企业家一般擅长产品经营，而对资本经营相对陌生。对此，段东先生提出了新三板全价值链金融服务的理念，证券公司、会计师事务所、律师事务所、投资机构、资本运营专家形成全价值链服务能力，帮助企业解决新三板知识普及、挂牌服务、融资、做市培育、投后管理等课题。这是新三板领域的新动向，是一种创新整合思维，我个人非常赞同。

段东先生领导的中关村中联企业金融投资创新促进会，作为中关村为数不多的全国性金融社团组织，与东北证券形成了较为紧密的合作关系，以各自的优势，为共同推进企业的资本价值贡献着力量。

胡乾坤

东北证券股转系统业务部总经理

目录

第一章 新三板，最大的暴富机会 / 1

资本追逐的新战场 / 3
火爆的市场现象 / 3
企业造富与资本掘金的主要战场 / 13
过热的调整 / 16

新三板火爆之源 / 18
国家经济政策导向与趋势 / 18
中外金融市场 / 20
强拳出击——新三板七大利好政策 / 21

第二章 浅谈新三板 / 23

新三板，顺势而生 / 25
戏说新三板 / 25

新三板的前世今生 / 27

新三板与其他市场、板块的异同 / 31

不同交易市场的主要区别 / 31

交易制度对比分析 / 33

与同为中小企业服务的E板、Q板的异同 / 40

与区域性股权市场的区别 / 43

中国的纳斯达克 / 44

新三板上市企业的特点 / 44

新三板的制度特点 / 47

对新三板未来的预测 / 49

第三章　进入新三板的好处 / 57

谁能跨入新三板 / 59

对挂牌准入的六个条件的解读 / 59

哪种企业容易上新三板 / 62

不能上市的硬伤 / 64

进入新三板的好处 / 65

促进企业发展的八大好处 / 65

两大核心好处体系解读：规范治理 / 67

两大核心好处体系解读：股权激励 / 69

新三板对于其他市场主体的重要意义 / 72

为投资者带来新的投资机会 / 72

为证券公司带来新的发展机遇 / 73

第四章　新三板的投资与资本运作 / 75

投资新三板的财富空间 / 77

政策红利 / 77

收益来源与财富空间 / 79

新三板的资本运作机遇 / 81

关键因素 / 81

特殊现状与分化效应 / 83

未来重大机遇 / 84

新三板各级市场的运作 / 86

股票发行 / 86

协议转让 / 89

做市制度 / 90

集合竞价制度 / 94

新三板的套利空间与转板问题 / 95

新三板市场的并购 / 96

第五章　跨入新三板，做资本市场的弄潮儿 / 101

券商选秀的标准 / 103

新三板挂牌上市流程 / 105

挂牌审核重点关注的问题 / 108

合法合规 / 111

公司业务 / 117

财务规范性 / 121

持续经营能力 / 123

链条服务——如何选择券商与辅导、中介机构 / 125

主办券商的选择与签约 / 126

与其他中介机构的合作 / 129

第六章 新三板的发行与融资 / 133

新三板融资的主要方式 / 135

定向增发 / 136

私募债券、可转债券 / 139

优先股制度 / 141

非上市公众公司收购 / 143

重大资产重组实务 / 146

新三板融资现状 / 150

何时做融资最好 / 151

新三板融资与市场情况总结与展望 / 152

融资过程中的股权激励 / 154

股权激励的意义 / 154

股权激励的法律规定 / 155

股权激励的基本模式 / 155

股权激励的时机选择 / 157

第七章 新三板上市企业的投后管理 / 159

资本思维：与资本共舞 / 162

投后管理的六大问题 / 164

    投后管理的战略问题 / 164

    投后管理的创新商业模式问题 / 169

    投后管理的市场营销问题 / 171

    投后管理的团队问题 / 173

    投后管理的指标问题 / 174

    投后管理的市值管理问题 / 175

新三板私人董事会模式 / 176

附录 / 181

新三板市场上腾飞的"天润康隆" / 181

想到即可得到

    ——云媒股份与您共启智能化商业时代 / 187

科技公司在中国资本市场的缩影

    ——中搜网络的上市之路 / 191

后记 / 197

第一章

新三板，最大的暴富机会

企业特别是民营企业、中小企业、创新企业一直面临着融资难的问题，而民间资本又苦于找不到投资渠道。新三板市场是中国金融市场改革的重要创举，打开了中小企业上市融资与发展壮大，参与资本市场的大门。

资本追逐的新战场

火爆的市场现象

新三板市场是中国资本市场发展多年后诞生的一个新型的、重要的资本市场,从中关村园区扩容以来,逐渐成为资本追逐的新战场。但在新三板刚推出时,因为是刚从老三板市场转过来,所以交易不活跃、融资艰难、发展相对缓慢,主要是解决退市企业和两网企业[①]的一些股权交易问题。

自 2014 年 8 月 25 日以后,新三板资本市场发生了剧烈变化。变化表现在很多方面,如挂牌数量与融资总额剧增。数据显示,截至 2015 年 4 月 21 日,新三板挂牌公司 2309 家,总市值突破 10000 亿元;比 2014 年年底分别增长 47%、153.4%。其中,77% 的挂牌企业为高新技术企业。截至 2015 年 3 月 31 日,新三板投资者账户数量达到 7.97 万户,比 2014 年年底增长 63%。截至 2015 年 4 月 21 日,新三板挂牌企业融资 117.54 亿元,融资 283 笔,平均每天有 4 笔融资,平均单笔融资规模 3000 多万元。而在 2013 年,新三板融资总共才 10 亿元;2014 年全年 132 亿元,360 余笔。企业原来对新三板市场不了解、不认识,现在争相关注新三板、进入新三板,在全国范围内掀起了上新三板的高潮。目前,新三板挂牌公司仍然以每天

---

① 两网公司指在 STAQ 系统流通和 NET 系统上市交易的公司。

5~6家的速度在增长。按目前企业挂牌速度来看，2016年挂牌企业有望突破1万家。

中国的中小企业数量巨大。中国中小企业协会会长李子彬2015年5月在全国中小企业协会联席会议上表示，截至2014年年底，在工商部门注册的中小企业已达1023万户，此外，还有数量更多的个体工商户。中国工业和信息化部总工程师朱宏任在接受新华社记者采访时说道，目前中国中小企业总数已占全国企业总数的99%以上，创造的最终产品和服务价值相当于GDP的60%左右，提供了全国80%的城镇就业岗位，缴纳的税收约为国家税收总额的50%，在繁荣经济、推动创新、扩大出口、增加就业等方面发挥了重要作用。毫无疑问，作为中小企业融资上市的资本平台，新三板市场基础与规模非常强大，市场主体数量众多。

挂牌火爆，融资升温

从市场本身角度来讲，新三板市场最明显的表现与特征是挂牌火爆，挂牌企业质量越来越高（如图1-1所示）。

从2011年5月，新三板进入会签程序，到同年12月挂牌企业突破100家；再从2013年全年350多家，到2015年9月挂牌企业3585多家，挂牌数量的剧增，可见一斑。

在原来的"两网（STAQ系统与中证交NET系统）两所（深交所与上交所）"证券交易市场格局外，最早形成被称为"老三板"的代办股份转让系统，解决退市公司和法人股市场公司间的股转问题。但由于老三板市场中企业质量较低，存在各种问题，难以有效融资、吸引投资者进入，所以一直发展缓慢。

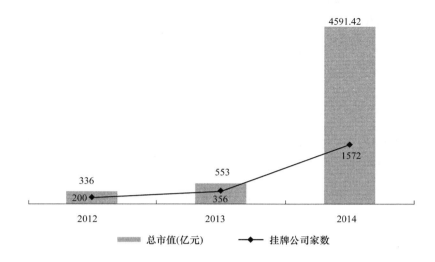

图 1-1　2012—2014 年新三板挂牌数及市值

从 2006 年新三板市场试点，也就是中关村科技园区股份转让系统的试运行，到 2011 年新三板进入会签程序，2012 年 8 月宣布扩大试点，新增武汉的东湖新技术开发区、上海的张江高新技术开发区和天津的滨海高新区，这些高新园区中的许多高科技企业受到扶持，不断挂牌，2013 年开始新三板扩容到全国。自 2014 年新三板面向全国运行以来，挂牌公司数量快速增长，覆盖面不断扩大。2014 年全年新增挂牌公司 1276 家，挂牌公司总量达 1572 家，同比增长 34.2%；其中，中小微企业占比 95.4%，高新技术企业占比 77%。从最早质量较低的一些"两网两所"退市企业，逐渐试点和过渡到有活力、成长度高的高科技企业、民营企业，挂牌企业质量越来越高，数量越来越多。截至 2015 年 5 月 22 日，新三板挂牌公司总数达到 2452 家，比 2014 年净增约 900 家，总市值 12545 亿，而且实现了对 31 个省市自治区，包括新疆生产建设兵团的全覆盖。

新三板的火爆还表现在融资火爆（如图1-2所示）。

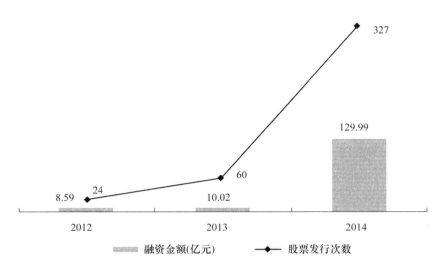

图1-2　2012—2014年新三板股票发行次数及融资金额

最初挂牌企业基本融不到资，或者融资难度很大。2013年之前，新三板挂牌企业数量很少，主要是通过定向增发进行融资。2013年12月30日，全国中小企业股份转让系统召开新闻发布会，推出两种新模式——做市模式与协议模式。自此，新三板的融资模式丰富起来，市场的交投活跃程度大大增加。2014年，挂牌公司股票发行的次数从2012年的24次增加到327次；发行融资金额从8.59亿元增长到129.99亿元。除股权融资外，挂牌公司通过发行债券融资11.45亿元，挂牌后通过股票质押借款17.65亿元。定向发行简便灵活，是目前新三板应用较为广泛的融资方式。截至2015年5月22日，新三板融资总量已经达到211.54亿元，比2014年132亿净增将近100亿。其中，融资量最大的达50多个亿，最小的只有几百万，融资次数最多的是4次。

新三板融资的总额和数量都在不断地增加，对行业产生重大影响。首先是对企业的关注度、对新三板市场的关注度增加。企业界的老板们意识到，新三板是一个非常好的进入资本市场的选择。以主板、中小板、创业板为主的资本市场门槛都非常高，中小企业，尤其是小企业，很难拥有资格或符合条件进入国内资本市场，更不要说国外市场。新三板市场扩容以后，实际上是给小企业打开了一扇大门。其次是对资本市场的主要参与者之一——券商有很大触动。原来券商的场外市场部门人数很少，因为老三板市场挂牌数量比较少，也没有大的业务，得不到重视。自从2013年8月25日新三板推出做市交易之后，许多券商纷纷增加部门人数来应对挂牌数量剧增的趋势。券商不仅仅增加人员，还把新三板市场做市业务和挂牌业务作为重点，形成战略性业务。不仅券商的业务出现变化，会计师事务所、律师事务所等中介机构与其他服务机构，也纷纷杀向这个市场。这些市场的参与主体与专业机构在不断地增加资源和人员，转型调整，以顺应这种潮流。

指数疯涨，成交纪录不断刷新

2014年2月21日，中央电视台一套《新闻联播》报道，据证监会统计，截至2月19日，扩容后的全国中小企业股份转让系统，也就是新三板，挂牌公司达到642家，总股本和总市值分别达到219亿股和1250亿元，均比2013年末有大幅度增长。2015年3月18日，中央电视台新闻频道《朝闻天下》报道，继沪深交易所之后，国务院批准的第三家全国性股票交易市场——全国中小企业股份转让系统，也就是大家俗称的"新三板"市场将首次上市两只市场指数，指数的上线改变了之前市场缺少价格走势风向标的状况。

首批新三板指数共有两只，分别为"全国中小企业股份转让系统成分指数"（简称：三板成指，指数代码：899001）和"全国中小企业股份转让系统做市成分指数"（简称：三板做市，指数代码：899002）。"三板成指"指数，以覆盖全市场走势特征为主，包含各类转让方式的股票，该指数每日收盘后发布。"三板做市"指数则聚焦于交投更为活跃的做市股票，于盘中实时发布。指数计算方法采用流通股本加权法；以2014年12月31日为基期，基点为1000点。两只指数在编制方法方面，综合考虑市值及股票流动性，剔除了部分无成交记录的僵尸挂牌公司，并限制行业及个股的最大权重，避免因单一行业或个股出现极端情况时可能造成指数失真的情况。

三板成指仅2015年上半年已累计上涨逾60%，三板做市也累计上涨近60%，4月更是创下了2673.17的高点，超过创业板（57.89%）、中小板（42.25%）、上证指数（14.11%）的涨幅。新三板吸引了各路资本跑步进场，交易量不断创下新高。2015年3月27日，新三板共有431只个股发生交易，合计成交额超过了17.16亿元，双双创下历史新高。其中，九鼎投资和联讯证券成交额超过了亿元。（如图1-3、图1-4所示）

资本追逐，投资机构重视并跟进

全国中小企业股份转让系统有限责任公司董事长杨晓嘉在2015年清华五道口全球金融论坛"新常态、新金融"创新论坛上表示，截至2015年5月22日，新三板投资者账户总数达到12.58万户。其中合格投资者，即拥有500万的金融资产的投资者，已经达到了7.6万多户，占比是60%。

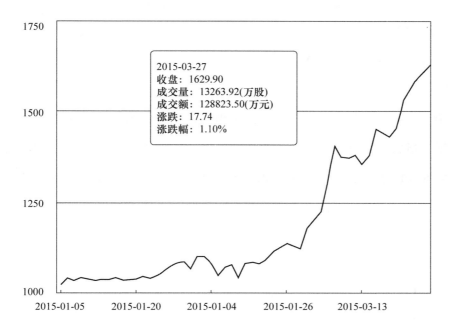

图 1-3　2015 年新三板指数涨幅情况（三板成指）

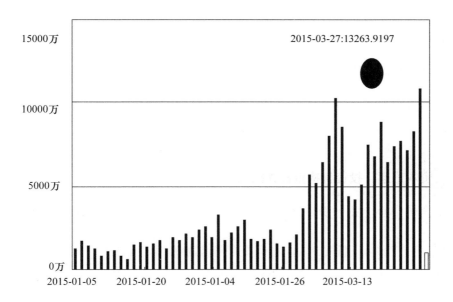

图 1-4　2015 年新三板成交量（万股）

交易上有一个很重要的变化就是有交易行为的已经占到 2/3 以上，而 2014 年的这个数据，没有交易的占到 2/3 以上。2014 年平均每天交易大约 6000 万到 8000 万，2015 年每天交易量是 10 亿以上，最高的一天达到 56 亿。截至 2015 年 4 月 7 日，三板成指一度由 2014 年 12 月 31 日的基点 1000 点涨到 2100 点，三板做市指数也相应由 1000 点涨到 2600 多点。

交易的另一个很重要的特点是做市商制度开始发挥作用。截至 2015 年 10 月，新三板做市企业 857 家，约占 23% 左右，虽然比重不是很大，但是对交易格局改变很大，而且做市交易基本形成一个连续的价格曲线，做市板块备受市场关注。做市商的核心功能并不是撮合交易，而是估值和定价，这个作用开始显现，做市企业的融资行为和融资比重都要高于之前的协议转让方式。做市企业股价已经成为发行融资、并购重组和股权质押的重要依据。截至 2015 年 5 月 22 日，全市场累计成交金额 811.79 亿元，接近千亿，这差不多是 2014 年全年交易量的 7 倍。

从资本的角度来看，新三板火爆的表现缘于投资机构的重视与跟进。在 2014 年上半年还没有重量级的机构，如传统的 PE/VC（私募股权基金/风险投资基金）等进入这个市场，当时只有几个知名机构（九鼎、中科招商、天星等）参与。

融资外部性增强，改变了新三板股权高度集中的格局，市场覆盖业态不断加宽加厚。截至 2015 年 5 月，10 个金融细分领域的挂牌公司 45 家，覆盖小贷公司、担保公司、租赁公司、农村信用社、资产管理公司、保险代理公司、证券公司、期货公司、私募基金等金融机构，增强了小微金融的供给。10 个医药细分行业共计 130 家挂牌公司，2014 年净利润同比增长 38.84%。6 个文化传媒细分行业的 37 家挂牌公司，涵盖体育赛事、电影制作发行等领域。应该说，新三板代表的新业态已经充分反映了中国信息时代的特征。信息技术和生物、医药市值分别占到市场市值的 26% 和 11%，这个特征与早已迈入信息经济时代的美国资本市场的市值结构非常相似。

产业链机构全程参与，社会的影响力和关注度增加

较高端的培训机构（人大、北大等相关的总裁班，还有一些商学院等），开始在这个领域招聘新的专家、老师，招募新三板的企业，根据它们的需求开设不同类型的课程，课程主要针对新三板和众筹等现在比较热点的领域，招生与招商情况比较理想。

转型的机构中也包括银行。据全国中小企业股份转让系统披露，全国中小企业股份转让系统已与中国工商银行、交通银行、上海浦东发展银行、招商银行等 28 家银行签署战略合作协议，针对挂牌企业推出 29 个专项产品及服务。银行所提供的新三板业务中，以股权质押贷款、知识产权质押融资、应收账款质押融资等为主，但合作领域正在向纵深发展。如，交通银行提供的新三板集成式服务方案为企业提供挂牌全流程服务、配套融资服务。在企业挂牌及后续直接和间接融资过程中，交通银行作为总协调人和牵头人统揽企业挂牌全流程，调动各方资源，包括各省直分行、子公司、券商、会计师事务所、律师事务所、内控咨询机构、猎头、培训机构等，在总行投资银行部的统一管理、调配下，为企业提供相关服务。多家合作银行针对新三板挂牌企业推出各具特色的专项金融产品及服务方案，其中杭州银行的新三板挂牌企业股权质押贷款业务，已经占到新三板股权质押贷款业务的 60% 以上。新三板合作银行对挂牌企业的授信金额保持持续增长势头。

据《北京商报》等多家媒体报道，由于主板上市难度大、审批时间长，此前有许多城市商业银行排队几年尚未能上市，这令许多城商行纷纷改辙投奔新三板。齐鲁银行已经正式登陆新三板，而筹备登陆新三板的还有贵州银行、桂林银行、潍坊银行、德州银行和莱商银行等多家城市商业银行。

政府的扶持除了银行方面，还有直接或间接的补贴。2015年3月之前，大多数地方政府都对新三板上市企业进行补贴，各地金融办以及相关的政府部门也都有一些不同程度的鼓励上市挂牌的补贴。但是随着挂牌数量逐渐过多，政府的扶持与补贴力度逐渐减弱，开始取消各种补贴。这种行为反过来也印证了新三板市场的火爆。不管是证监会，还是全国中小企业股份转让系统，都不希望市场太虚高和过热，以避免产生一系列问题。但在目前的情况下，依然有不少地方不仅没有取消补贴，而且全力打造新三板上市板块，积极与北京的资源对接，辅助当地的高科技企业，以及园区内的企业进入新三板。比如安徽省芜湖市，芜湖政府的态度依然是极力扶持地区的经济中心，打造新三板的上市企业，扶持小企业进入资本市场。东北大连等地方政府，也将很大的政策支持给予当地企业进入新三板。从这个角度看市场的参与主体，无论是政府还是金融机构，无论是金融的相关服务机构还是企业界，都是把目光瞄准新三板领域。从2013年之前对新三板是什么都不是很了解，到现在街头巷尾都在谈新三板，短短的一年多时间内发生的这个改变可以说是中国资本市场的里程碑。

参与者大量进入二级市场参与股票的买卖，开户数量也在不断增加，从券商、金融机构、企业、金融服务平台到二级市场，这个链条中的所有参与者都纷纷杀向这个市场。

国内主流媒体、财经媒体、网络媒体对新三板的报道比重也开始增加，更加关注新三板的发展与资本市场的多元化。被誉为"新三板教父"的太平洋证券副总裁、新三板学院院长程晓明，曾在很多场合多次表示新三板是中国的纳斯达克（NASDAQ），新三板挂牌就是上市；企业创新是和股权融资紧密相连的，创新源于市场资金的不断支持，而新三板就是为中小企业、高新技术企业服务的。

全国中小企业股份转让系统有限责任公司总经理谢庚2015年4月接受新华社记者采访时表示，解决中小微企业融资难是新三板市场的首要任务，但股权融资需要交易机制提供流动性和定价基础。新三板做市商制度上线后，交易效率提高，定价功能显现，流动性状况改善，这是融资市场趋于活跃的重要原因。

在2015年清华五道口全球金融论坛"新常态、新金融"创新论坛上，全国中小企业股份转让系统有限责任公司董事长杨晓嘉表示，资本市场是滋生和培育创新的最好温床，资本市场最大的创新是新三板，它使中小企业融资难和社会资本投资难的两难问题得到解决。2015年以来，新三板出现了三个明显的拐点：第一个是投资和融资同步出现增长拐点；第二个拐点是市场交易由冷变热；第三个拐点是市场参与主体和合格投资者的增长速度超过我们的预判。

吸引资本进入新三板市场最直接的因素是巨大的获利空间，能否找到好项目成为资本获利与否的先决条件。以前是项目方找资本、求资本，现在资本倒过来，寻找最重要的项目进行投资。这也是新三板带来的重要变化，也让新三板成为资本追逐的竞技场与战场。资本嗅觉灵敏、追逐获利空间，投资机构增长快、竞争多，显然就会出现资本追逐项目的现象。新三板的很多项目成长空间和获利空间大，必然吸引投资机构进来寻找潜力比较好的项目。

企业造富与资本掘金的主要战场

中国的小企业生存率都是非常低的。为什么获得不了投资者青睐？传统银行为什么不贷款给小企业？原因之一是小企业的存活生命周期非常短。

第二个原因，小企业一般没有重资产，尤其是高科技创新企业、互联网企业，传统金融业不会去理睬，也不会去扶持。

第三个是风险投资等方面的原因。中国资本市场的发展与国外的资本市场有很大的差距，中小企业想进入资本市场或者是获得资本的进入是非常艰难的一件事情。中国有一千多万家中小企业，99%获得不了资本的投入。所以大部分的小企业是自生自灭，有的发展好就起来了，有的直接就消失了，天天有企业在注册，也天天有企业在注销。在新三板诞生之前，大多资本是不会关注这些中小企业的，而且在这些小企业里能够杀出重围，成为成长型企业的寥寥无几。

从这个角度看，小企业老板在创业、发展路上举步维艰，老板本人也就更难实现财富效应。企业在初期都是不断进行投入，利润一般也不会很高，如果老板个人想实现财富效应，没有资本市场的扶持是很难做到的。

中国造富的三次浪潮

第一次造富浪潮是20世纪80年代到90年代初国企的改革、改制，这个过程中催生了一大批改制后的民营企业。其本质就是利用改革的机遇，实现企业转型，最后很多老板实现了个人财富效应。第二次造富浪潮是20世纪90年代初到21世纪。在十多年的时间里，中国的两大行业——房地产与能源行业，催生了很多富翁。过去这些年房价在不断地涨，煤价也在不断地涨，买地、包矿就可以赚钱。这种资源性行业催生了一大批富豪，或者是很多人口中的"土豪"。第三次造富浪潮是在新的时代。中国共产党第十八次全国代表大会以后，预计未来的 5～20 年，中国会走向产业升级和科技转化，创新导向的经济会催生一大批的科技企业与服务平台，催生一大批科技富豪。随着新三板的推开，在未来的 3～5 年，通过新三板资本市场孵化，科技类的企业会随着新三板资本市场的推动成长为大型企业，将来会成为中国的主流企业。新三板也会成为中国资本市场的中心，这是符合多层次资本市场规律的。

中小企业、创新企业的主流未来

中小企业迎来了革命性的机会，借此融入中国的主流企业，进入中国经济的主旋律，成为未来代表中国先进生产力与中国经济导向的主要群体。也就是说，新三板可能会孵化一大批有代表性的企业，能够与美国的高科技公司、网络公司、创新公司比肩，参与国际经济与资本市场的竞争。这是新三板的财富对企业的价值。

而对老板的价值在于，新三板的股权限售比主板、中小板、创业板都宽松，股东的财富很容易通过新三板这样一个资本市场变现。通过并购、转让等多种方式，股东可以实现财富效应。因为资本市场会有放大效应，尽管企业可能成立时间短，市盈率有限，但是上了新三板以后，经过不长的时间，通过做市等一系列合理的资本运作，到了一定时期，股东想实现财富效应是非常容易的。而且这个价值也非常大，可能利润只有几百万的企业上市以后，老板通过转让股权或者被并购，都会实现几个亿的财富套现。所以从这个角度来看，企业上新三板，老板能够迎来财富效应放大的重大机遇。

对投资机构而言，新三板有巨大的溢价空间。从 2014 年市盈率连 20 倍都不到，到 2015 年高峰期的 40～60 倍，也就是短短 1 年的时间。可以看到，新三板投资周期非常短，而资本回报非常高。原来在创业板、主板投一个企业，周期大概是 3 年、4 年，甚至 7 年，退出以后收益率也就是几倍。但是在新三板很短的周期之内，有很多出现几个月、几天内资本的投资回报就达到了几倍，甚至超过十倍的案例。

新三板之所以成为企业造富、资本掘金的主要战场，就是因为其对于企业方、资本方等都起到了双重作用。很多领域、相关方面的人员和机构都有造富与掘金的机遇。

过热的调整

新三板过热也会带来诸多问题，所以有关机构也采取了一些调控措施。首先，政府取消补贴。其次，现在券商接单的标准在不断提高，虽然各券商标准不同，但都比之前有所提高。在全国中小企业股份转让系统规定的标准基础上，券商在进行接单挂牌以及上市服务时会制定自己的标准。再次，政策推出的延后性。比如，原来要推出的竞价交易制度，要推出一些公募基金，一些进入新三板的利好政策，包括降低投资的门槛等一系列手段，都在往后推延。有很多消息来源披露，利好政策的延后恰恰是因为新三板市场过于火爆，而中国的资本市场都是初期相对不太规范，所以会产生诸多问题，包括创业板当初的历程也是这样的。

而市场监管方的态度原则上是这样的，初期先让你自由发展，鼓励甚至有所扶持。随着市场的发展与过热，问题产生了，那就不断地调整。毕竟中国的金融环境与资本市场，还不像美国等发达国家有着上百年的历史，比较成熟与规范，所以需要不断地摸索、调整与规范。

未来新三板资本市场一定会成为中国的纳斯达克，成为中国多层次资本市场的塔基。因为这批高科技企业代表着创新，代表着中国的未来，我们不能简单仅靠能源行业、房地产行业等这些传统资源性行业与国外竞争，而应该以高科技企业、创新企业等代表先进的生产力的行业企业参与世界经济。从新三板市场的蓬勃发展与国家的各项政策也能看出，未来的总体导向是政府扶持、鼓励与引导，打造中国的资本市场，只不过新三板市场还需规范、有序发展，才能平稳向上。

新三板市场目前尽管比较火爆，但是与主板、创业板等相比，由于门槛比较低，企业进入的规范程度目前相对主板市场还是有差距的。主板、创业板是审核制，非常严格，规定的条件和门槛都较高，所以参与企业大多是大企业。因为门槛太高，所以一年也就几十家上市企业。2009年10月30日，随着第一批28家创业板公司挂牌上市，创业板正式启动。数据显示，截至2014年年底，上市公司数量为400多家，而同期起步较晚的新三板上市公司数量为2000多家。

许多企业不能上市，从另外一个侧面反映主板、创业板的上市企业相对来讲是比较规范的，而在新三板上市的中小企业在基础条件、内部管理等许多方面还是有较大差距的。但是由于新三板的主要定位是在创新企业，这批企业尽管目前规范性或者起点都不如主板、创业板的企业，但是它的成长性非常高。也就是说，这种企业未来的价值增值空间与可能性巨大。这就是资本为什么要投资预期、追逐新三板市场的重要原因，这也是新三板不同于主板、创业板的原因之一。

新三板火爆之源

国家经济政策导向与趋势

中国经济过去由投资、消费、出口三驾马车拉动,保持了 GDP 多年两位数左右的增长,中国的世界工厂与低端制造业大国的印象也在不断强化。但是随着经济进入中高速增长的新常态阶段,劳动力成本、土地成本不断上涨,资源价格暴涨,社会资本多数流向资源能源型行业,并未流向创新产业。据统计,中国单位 GDP 能耗为美国的 3 倍、德国的 5 倍、日本的 6 倍;虽然中国基尼系数自 2009 年开始逐年回落,分别为:2009 年 0.490,2010 年 0.481,2011 年 0.477,2012 年 0.474,2013 年 0.473,2014 年 0.469,但仍超国际社会公认的社会贫富差距"警戒线"(0.4);我国科技进步对经济贡献率为 39%,而世界各国科技贡献率平均为 45% 左右,创新型国家的主要标志是科技贡献率 70% 以上;城乡差距、行业差距扩大,可持续发展受限……诸多问题在经济从高速发展到中高速发展的过程中不断出现。中国经济大而不强、国富民穷、发展受限的弊端开始显露。

中国经济新常态与转型机遇

随着中国经济进入新常态,GDP 增长率开始逐渐下降到个位数,保持在 7% 左右。而以铁路货运量(25%)、银行贷款(35%)、用电量(40%)

三项指标构成的克强指数也逐渐下降，中国经济在保持放缓与中高速增长的同时，需要调结构、提质量、促改革。克强经济学强化市场在资源配置中的基础地位，放松管制，改善供给，减少国家投资，去杠杆化，削减债务，以短痛换取可持续发展。

适应新常态、引领新常态的核心之一是调结构、促转型，最终改变经济发展的逻辑。这其中包括的七大转型有：

（1）需求结构转型，关注内需；

（2）产业结构转型，关注三产，解决就业问题；

（3）要素结构转型，关注创新产业，迎接第三次工业革命；

（4）调整区域结构，关注中西部地区，紧跟"一带一路"战略，发展与邻国关系；

（5）城乡结构转型，关注三农问题，带动农村经济发展；

（6）所有制结构转型，关注混合所有制；

（7）企业的规模结构转型，关注小企业。

大众创业与万众创新作为中国经济的新引擎，将会带来许多好处，如解决部分就业问题；迎合互联网+，培养互联网思维；通过"一带一路"互联互通，解决区域发展与共同发展问题；新三板市场将会成为未来中国的纳斯达克；简政放权，解决民生与中小企业发展问题；等等。

随着新三板市场的发展，中小微企业打开了通往资本市场的大门，未来中国将会冒出一大批高新科技企业，通过新三板的孵化，成为未来经济的主力。未来或许将没有互联网企业、传统企业之分，只有以新兴企业、创新企业为主流的企业群。总之，通过技术变革与新三板资本市场的推动，中国会孵化出许多有竞争力的大企业、高科技企业。

中外金融市场

金融市场方面，欧洲以银行业为代表。而美国金融市场则集中了最顶尖的数学与经济人才，华尔街是多层次的资本市场，有多个投资渠道与上市融资平台。

纽约证券交易所（New York Stock Exchange，NYSE），简称纽交所，曾是上市公司总市值第一、首次公开发行（IPO）数量及市值第一、交易量第二的传统交易所。在2005年4月末，NYSE收购全电子证券交易所（Archipelago），成为一个盈利性机构。纽约证券交易所的总部位于美国纽约州纽约市百老汇大街18号，在华尔街的拐角南侧。2006年6月1日，纽约证券交易所宣布与泛欧证券交易所合并组成纽约证交所-泛欧证交所公司（NYSE Euronext）。

美国全国证券交易商协会自动报价表（National Association of Securities Dealers Automated Quotations，NASDAQ），简称纳斯达克，是美国的一个电子证券交易机构，是由纳斯达克股票市场公司所拥有与操作的。NASDAQ创立于1971年，是全世界第一个采用电子交易并面向全球的上市公司，涵盖所有高新技术行业股票市场与金融平台。谷歌、苹果、微软等高科技企业蜕变为巨头被很多人认为是NASDAQ助推的结果。

2014年9月19日，阿里巴巴正式登陆纽交所，证券代码为"BABA"，价格确定为每股68元，成为全球历史上最大的IPO交易之一。同年10月29日阿里巴巴股价首次突破100美元，再创新高，暂超全球零售业巨头沃尔玛成为美国最大的IPO。纽交所的传统优势、获得的关注度高，以及之前Facebook IPO在纳斯达克的上市小事故，这些也许构成阿里巴巴选择在纽交所上市的因素。但不管如何，纽交所（蓝筹股主导）与 NASDAQ（微软、谷歌等高科技企业）之间相互竞争、弥补，刺激与促进了美国金融资本市场的发展。二者在争夺上市公司与交易份额这两大领域展开了激烈的竞争。

中国金融市场以银行业为主流，包括国有银行与股份制银行。最近几年受到支付宝、余额宝等互联网金融与私募基金等新型金融形式的冲击。主板、中小板、创业板主要面对大中型企业，小企业特别是民营企业、中小企业、创新企业一直面临融资难问题，而民间资本又苦于找不到投资渠道，中小微企业等选择高利息借贷又会面临扰乱经济秩序的问题。所以，新三板市场是中国金融市场改革的重要创举，打开了中小微企业上市融资与发展壮大，参与资本市场的大门。资本往往赚宏观政策与时间的钱。新三板上市的企业有着高成长性与低市盈率，套利空间巨大，吸引资本不断进入与追逐。

强拳出击——新三板七大利好政策

（1）做市商制度的推出。2013 年 12 月 30 日，全国中小企业股份转让系统召开新闻发布会称，除现有的集合竞价外，将推出两种新模式——做市模式与协议模式。2014 年 8 月 25 日，做市转让方式正式实施，这也意味着做市商制度正式进入我国股票市场。自此之后，新三板的融资模式丰富起来，市场的交投活跃程度大大增加，融资量、交易规模迅速扩大。九鼎投资于 2015 年 5 月宣布拍得中江集团 100% 的股权，成为中江地产的控股股东，创下首例新三板公司控股 A 股公司案。和君商学（交易代码：831930）登陆新三板后，用 14 亿元逆袭，收购 A 股上市公司汇冠股份。

（2）公募基金开始研究进入。如社会保障基金，属于国家级基金。证监会正在研究制订公募基金投资新三板的相关业务指引。

（3）投资者门槛降低。目前新三板市场投资门槛还是有一些高，以保证市场秩序，降低市场风险，但未来降低门槛是大趋势，散户数量将会逐渐增多。

（4）分层制度的推出。随着做市模式与协议模式的推出，预计未来会系统上线推出集合竞价的方式，推出创新层、成长层、基础层三个部分。政策一经推出，将会极大刺激新三板的交易与流动性。

（5）更多主体成为做市商。目前只有券商有资格做市，未来大量基金以及其他相关机构也有希望成为做市商。基金管理公司子公司、期货公司子公司、证券投资咨询机构、私募基金管理机构等经证监会备案后，也将可以在新三板开展做市业务。

（6）转板制度推出。有些新三板企业需要转板，而有些不需要。新三板与其他板块属于在不同跑道上的较量竞争，未来可能出现越来越多的转板与并购现象。目前已经有部分城市商业银行登陆新三板，未来会越来越多。证监会主席肖钢已明确提出，2015年年内将进行新三板转板试点。

（7）并购的频繁。新三板挂牌公司将成为主板上市公司最佳的并购标的池。数据显示，截至2015年5月底，已有近100起新三板企业被并购重组，有超过60家新三板企业通过定向增发等方式主动发起并购，这一数量已超过2014年全年总数。并购将极大拓宽新三板投资的退出通道，刺激新三板企业的上市运作和融资流动。

总结起来，新三板火爆的原因有：（1）宏观经济政策方面的原因。经济新常态下，中国政府扶持创新经济。（2）能够解决中小微企业融资难问题。（3）政策红利吸引投资机构，有长期看好的趋势。（4）巨大的套利空间（高成长性、低市盈率、参与者众多）。因此，目前新三板市场依然有巨大的潜力可挖。

第二章

浅谈新三板

作为全国性证券交易场所,全国中小企业股份转让系统定位于非上市公众公司发行和公开转让股份的市场平台,为公司提供股票交易、发行融资、并购重组等资本市场服务,为市场参与人提供信息、技术和培训等服务。

新三板,顺势而生

戏说新三板

我们从客观方面,以通俗与戏说的角度,来看资本市场。不管是主板、创业板、中小板、新三板,其实本质上都是一个市场,市场必然有买有卖。资本市场上买卖与发行股票,类似于市场有买菜的、卖菜的、种菜的,不外乎这几类群体的参与。而新三板市场与其他板块市场的区别在于,不管是主板市场,还是创业板市场,都是有门槛的市场,达不到财务指标的上不去,即使达到财务指标的也不一定能上去。而新三板的门槛相对较低,可以吸引大量中小企业走入资本市场。

我们可以把新三板市场的交易方式与菜市场的买卖规则,做一些形象的类比。从买菜的角度来说,所谓的做市商就是我们的代理商或者批发商,从我们手里买了库存股,放到库房,等到合适的时机再拿到菜市场去卖。做市就类似这种行为。而新三板市场交易中的协议转让是单向联系,交易双方定好价格与体量,甲方买多少,乙方卖多少,这就是协议转让;未来即将推出的集合竞价类似于菜市场中的排队竞买,谁出价高,谁买得早,就卖给谁,讲究时间优先、价格优先。所以不管是做市商、协议转让,还是集合竞价,只不过是新三板市场中不同的交易方式。新三板市场就像一个菜市场,而这个市场特殊在买卖的是股权,参与者是企业、做市商与投资者等。

由全国中小企业股份转让系统手册与《国务院关于全国中小企业系统有关问题的决定》可知，全国中小企业股份转让系统是经国务院批准，依据《证券法》设立的全国性证券交易场所。证监会就落实《国务院关于全国中小企业系统有关问题的决定》有关事宜答记者问时指出，全国中小企业股份转让系统是继沪深交易所之后第三家全国性证券交易场所，在场所性质和法律定位上，与证券交易所相同，都是多层次资本市场体系的重要组成部分。作为全国性证券交易场所，全国中小企业股份转让系统定位于非上市公众公司发行和公开转让股份的市场平台，为公司提供股票交易、发行融资、并购重组等资本市场服务，为市场参与人提供信息、技术和培训等服务。

所以说，新三板市场是中国资本市场发展多年后诞生的一个新型的、重要的资本市场、交易市场。

根据《中国证券报》的报道，自 2015 年 7 月 22 日开始，新三板挂牌数量正式超越 A 股。有机构认为，随着挂牌企业分化加剧，新三板分层已经迫在眉睫。根据 2014 年年报，在各项指标的对比中，新三板排名前 100 的挂牌企业平均值较排名后 100 的企业平均值已出现巨大差异，其中营业收入、净资产总额、市值以及股东户数的相差倍数分别达到 273 倍、225 倍、189 倍和 207 倍。与此同时，挂牌企业整体质量的分化也逐渐明显，截至 2015 年 7 月 22 日，新三板连续两年符合创业板 IPO 条件的挂牌企业由 2015 年 4 月 7 日的 598 家增加至 725 家；而新三板连续两年营业收入不到 1000 万元且净利润不到 100 万元的数量也由 4 月 7 日的 128 家增加至 184 家。

中信证券认为，新三板分层政策的推出不仅是必需的，而且是可行的。从内部来看，市场分层有助于为规模较大的优质企业提供一个更为良好的流动性培育环境，从而对其他企业形成良好的示范效应；从外部来看，沪深交易所对优秀企业的追逐战已经打响，迫使新三板必须为不同成长阶段的企业提供差异化的融资、交易服务来挽留甚至吸引更多优秀企业登陆新三板。

新三板的前世今生

根据中山大学金融工程与风险管理研究中心兼职研究员陈培雄有关《新三板的前世今生》文章的梳理可知，早期中国证券市场比较混乱，除了上海和深圳两地政府建立了沪深证券交易所外，各地还有很多柜台股票交易市场，有些规模甚至不比沪深交易所小。在众多交易市场中，包括了两个主要交易法人股的市场：STAQ（全国证券交易自动报价系统）和 NET（中国证券交易系统）。

1998 年亚洲金融风暴出现，为了控制金融风险，国家开始清理、整顿地方交易所。全国各地交易所几乎全部关闭，只保留了 STAQ 和 NET，目的是解决国企法人股的转让问题。这就是被称为代办系统的股票市场。2001 年 6 月 12 日，经中国证监会批准，中国证券业协会发布了《证券公司代办股份转让服务业务试点办法》，标志着代办系统的正式启动。代办系统一直是由中国证券业协会管辖的，而代办系统的交易结算系统一直通过深圳证券交易所实现。

后来中国证监会为了解决沪深证券交易所退市公司股票的转让问题，决定从 2002 年 8 月 29 日起，凡是主板退市的公司都纳入代办系统交易。这时的代办系统就是我们俗称的"老三板"。老三板是一个交易法人股和退市企业股份的股票市场。

2004 年前后，国家科技部为了解决科技型中小企业融资、股权交易等问题，向有关方面提出要在当时的技术产权交易所进行科技型企业股权交易试点，然而未获批准。一直到 2005 年年底，在科技部的多次争取下，中关村科技园区科技型企业终于可以在老三板挂牌交易。这相当于老三板在全国开了一个小口，只允许中关村科技园区企业进入，除了中关村科技园区的北京企业都不行，其他地区的科技型企业自然更不行了。

2006 年 1 月，中国证券业协会下发了《证券公司代办股份转让系统中关村科技园区非上市股份有限公司股份报价转让试点办法》。从这时开始，原来的老三板注入了优质科技型企业的活力。为了区别老三板，人们将代办系统改称为"新三板"。

所以，中国的新三板是从 2006 年开始形成的。能在这个市场交易的企业包括三部分：历史遗留的法人股、主板退市企业、中关村科技园区符合条件的科技型企业。这个格局一直持续到六年后的 2012 年。

2012 年 8 月 3 日，中国证监会宣布，经国务院批准，决定扩大非上市股份公司股份转让试点，新增上海张江高新技术产业开发区、武汉东湖新技术产业开发区、天津滨海高新区。即新三板形成六年后，在新三板上可以挂牌的科技企业才从中关村科技园区扩充为全国四个高新园区。似乎从这里开始，新三板更上了一个台阶。

2012 年 9 月 20 日，就在新三板扩容刚刚一个月，一个名为全国中小企业股份转让系统有限责任公司的企业在国家工商总局注册成立，原湖南省证监局局长杨晓嘉担任法定代表人，注册资本金为 30 亿元，经营范围是"组织安排非上市股份公司股份的公开转让；为非上市股份公司融资、并购相关业务提供服务；为市场参与者提供信息、技术服务"。当媒体对此公司进行报道时，人们并不知道这是一家究竟是什么性质的公司。直到后来的揭牌仪式，才揭开了公司的面纱。

2013年1月16日，中国证监会在北京举行了全国中小企业股份转让系统揭牌仪式。中国证监会相关负责人出席了揭牌仪式，并发表讲话："全国中小企业股份转让系统揭牌运营，是全国场外市场建设的标志性事件。自此，非上市公司股份转让的小范围、区域性试点将开始渐次面向全国正式运行。"全国中小企业股份转让系统有限责任公司董事长杨晓嘉介绍，市场运作平台将由证券业协会自律管理的证券公司代办股份转让系统，转为国务院批准设立的全国中小企业股份转让系统有限责任公司。也就是说，从这一天开始，形成了一个新的"新三板"。中国证券业协会管辖的代办系统，即老的"新三板"将不复存在。

2013年12月，国务院颁发了《关于全国中小企业股份转让系统有关问题的决定》。决定指出：全国中小企业股份转让系统是经国务院批准，依据《证券法》设立的全国性证券交易场所，主要为创新型、创业型、成长型中小微企业发展服务。这个决定确立了全国中小企业股份转让系统作为全国性证券交易场所的法律地位。决定同时指出：逐步将全国中小企业股份转让系统建成以机构投资者为主体的证券交易场所。由此看出，新的"新三板"主要面向的是机构投资者。

前面说到，老的"新三板"的交易结算系统一直通过深圳证券交易所完成。新的"新三板"建立后，一直还没建立自己的交易结算系统。2014年5月6日，全国中小企业股份转让系统有限责任公司、中国证券登记结算有限责任公司、深圳证券交易所联合发出了《关于做好全国中小企业股份转让系统证券交易及登记结算系统切换上线准备工作有关问题的通知》。通知称：定于2014年5月19日启用新交易结算系统。

全国中小企业股份转让系统的宗旨是坚持公开、公平、公正的原则，完善市场功能，改进市场服务，维护市场秩序，推动市场创新，保护投资者及其他市场参与主体的合法权益，推动市场健康发展，有效服务实体经济。因此，全国中小企业股份转让系统是对"老三板"和试点期间"新三板"的法定延续，"新三板"作为社会各界对证券公司代办股份转让系统的习惯性俗称，伴随全国中小企业股份转让系统的正式运营，已用以专指全国中小企业股份转让系统。

但从挂牌公司性质、交易等关键制度、市场功能等维度看，全国中小企业股份转让系统相对试点期间的"新三板"，已经有了脱胎换骨的变化。譬如，全国中小企业股份转让系统作为经国务院批准，依据《证券法》设立的全国性证券交易场所，全国范围内符合挂牌条件的公司均可申请挂牌，之前小范围、区域性的试点已经面向全国正式运行；市场运行平台转为国务院设立的全国中小企业股份转让系统有限责任公司，交易系统由依靠深圳证券交易所开发运营转为全国中小企业股份转让系统独立开发运营；挂牌公司准入和持续监管由中国证券业协会的自律监管，转为纳入证监会非上市公众公司统一监管；市场运行制度由中国证券业协会发布的试点办法转为全国中小企业股份转让系统业务规则。自此，挂牌公司作为公众公司，可以采用协议、做市、竞价等多种方式公开转让股份，面向合格投资者发行普通股票、优先股等融资工具等。这与试点期间的"新三板"仅面向北京中关村、上海张江、武汉东湖、天津滨海等少数高新区，挂牌公司股份仅能以协议方式非公开转让，股东人数不能超过200人等制度安排，具有根本区别。全国中小企业股份转让系统已经实现从小范围、非公开性质的证券公司代办市场，到全国性公开证券交易场所的凤凰涅槃。进入全国中小企业股份转让系统时代的"新三板"，内涵已经发生质的改变。

为切实服务好创新型、创业型、成长型中小微企业，《国务院关于全国中小企业系统有关问题的决定》要求，国务院有关部门应当加强统筹协调，为中小微企业利用全国中小企业股份转让系统发展创造良好的制度环境，各省（区、市）人民政府要加强组织领导和协调。2014年7月23日，国务院常务会议及《国务院关于进一步促进资本市场健康发展的若干意见》（国发【2014】17号）等再次强调，要加快完善全国中小企业股份转让系统，建立小额、便捷、灵活、多元的投融资机制，支持中小微企业依托全国中小企业股份转让系统开展融资，扩大中小企业债务融资工具及规模，促进创新创业、结构调整和经济社会持续健康发展。

新三板与其他市场、板块的异同

不同交易市场的主要区别

新三板与主板、中小板、创业板的主要区别见表2-1。

表2-1　与主板、创业板、中小板的区别

	新三板	创业板	主板、中小板
服务群体	创新型、创业型、成长型中小微企业	创新型和成长型中小企业	传统行业的成熟期企业
投资者构成	实行投资者适当性管理，以机构投资者为主	投资者要有两年证券投资经验，以散户为主	对投资者没有要求，以散户为主
主体资格	依法设立且存续满2年的股份公司	依法设立且存续满3年的股份公司	依法设立且存续满3年的股份公司

（续表）

	新三板	创业板	主板、中小板
盈利要求	没有财务指标要求	最近2年连续盈利，净利润不少于1000万，且持续增长；最近1年盈利且净利润不少于500万，最近1年营业收入不少于5000万元；最近两年营业收入增长率均不低于30%	最近3个会计年度净利润均为正数且累计超过人民币3000万元；最近3个会计年度经营活动现金流量净额累计超过5000万元，或者最近3个会计年度营业收入累计超过3亿元
资产要求	股本总额不低于500万元	发行后股本总额不少于3000万元；最近一期末净资产不低于2000万元	发行前股本总额不少于3000万元；最近一期无形资产占净资产比例不高于20%
稳定性	没有要求	最近2年内主营业务和董事、高级管理人员没有发生重大变化，实际控制人没有发生变更	最近3年内主营业务和董事、高级管理人员没有发生重大变化，实际控制人没有发生变更
规范运行	挂牌公司及其控股股东、实际控制人最近24个月不存在重大违法行为	发行人及其控股股东、实际控制人最近36个月不存在重大违法行为	发行人最近36个月不存在重大违法行为
信息披露	风险包容度较高，适度信息披露	风险包容度较低，充分信息披露	风险包容度较低，充分信息披露
审核制度	股东人数低于200人，股转公司审核、简易核准（类似注册制）；股东人数超过200人，证监会审核。审核流程简单便捷，周期2个月左右	核准制，实质性判断，创业板发审委审核；审核过程较长，具有不确定性	核准制，实质性判断，主板发审委审核；审核过程较长，具有不确定性
交易制度	协议转让、做市、竞价交易	竞价交易	竞价交易
融资制度	定向发行、私募债、可转债、优先股	公开发行	公开发行

首先从净利润和收入来看，新三板是没有财务指标要求的，这是非常重要的一点，而无论是中小板还是创业板，对此都有严格的要求。另外，新三板的

股本要求至少 500 万，而创业板要求是股本总额发行后不少于 3000 万，最近一期末净资产不少于 2000 万，主板、中小板发行前不少于 3000 万，设立期限分别是 2 年和 3 年。

其次，是不同跑道的区别。新三板主要针对的是科技企业、创新企业。对这类企业，国家和地方政府都有一些政策倾斜与补贴支持，有的行业与领域对企业利润不做要求，甚至有些亏损企业都可以挂牌。而传统企业现在没有几百万到一千万的利润，新三板市场的券商和做市商都不太愿意搭理与接手。就好像看一个人，如果是年轻人才，有科研能力与创新精神，哪怕条件差些，还是可以看好和支持的。

第三个大的不同就是交易模式不同。主板、中小板、创业板实际上都是竞价交易，比较传统单一。而新三板是分层管理的交易制度，有三种交易制度——协议转让、做市、竞价交易，更加丰富与灵活。

交易制度对比分析

搜狐证券《新三板与主板、创业板交易制度实用对比》一文，分别从新三板企业挂牌条件、交易方式、风险警示制度、退市条件、投资者参与条件和市场投资回报六方面对新三板进行解读，与主板、中小板、创业板进行对比，可从中了解新三板这个市场与其他板块市场的异同。

全国中小企业股份转让系统的挂牌条件比较宽松，没有财务和规模条件限制，需要的仅是挂牌企业具有持续经营能力而非盈利能力。但新三板更加侧重挂牌后的持续监管，要求主办券商推荐和终身督导制。相比主板的 2 年和创业板的 3 年，新三板主办券商能够长期对挂牌企业进行监督，促进其持续提高公司的治理能力和规范运营。

挂牌条件

新三板与主板、中小板、创业板的挂牌条件对比见表 2-2。

表 2-2 不同板块的挂牌条件

市场制度	新三板	创业板	主板、中小板
上市主体资格	证监会核准的非上市公众公司	股票公开发行	股票公开发行
股东数要求	可超过 200 人	不少于 200 人	不少于 200 人
存续时间	存续满 2 年	存续满 3 年	存续满 3 年
盈利指标要求	具有持续盈利能力	近 2 年连续盈利,净利累计不少于 1000 万;或近 1 年净利不少于 500 万,营收不少于 5000 万;近两年营收增长率不低于 30%	近 3 个会计年度净利润为正,累计超 3000 万,净利润以扣除非经常性损失前后较低者为计算依据
现金流要求	无	无	近 3 个会计年现金流累计超 5000 万;或近 3 个会计年营收超 3 亿元
净资产要求	无	最近一期末净资产不少于 2000 万元,且不存在未弥补亏损	最近一期末无形资产占净资产比例不高于 20%
股本总额	无	公司股本总额不少于 3000 万元	公司股本总额不少于 5000 万元
其他条件	主券商推荐并持续督导	持续督导期为上市当年剩余时间及其后 3 个会计年	持续督导期为上市当年剩余时间及其后 2 个会计年

交易方式

在交易制度方面,新三板有两种交易方式,不设涨跌幅。新三板在交易方式上有了大幅创新,可采用协议转让、做市的交易方式。主板、中小板、创业板目前主要采用的是竞价交易方式,同时辅以协议大宗交易和盘后定价大宗交易方式。

新三板股票还可以更换交易方式,系统同时为采用协议转让交易方式的企业提供集合竞价转让安排。挂牌股票采取做市转让方式的,必须有 2 家以上做市商为其提供报价服务，做市商应当持续发布买卖双向报价，并在报价范围内履行与投资者的成交义务。此外，新三板挂牌公司股票可实行标准化连续交易，实行 T+1 规则。

以下是新三板与主板、中小板、创业板的股票交易方式对比见表 2-3。

表 2-3　不同板块的交易方式

制度	新三板	主板、中小板、创业板
大股东交易限制	在挂牌前持有的股票分三批解禁，每批解禁数量为其挂牌前所持股票的 1/3，解禁的时间分别为挂牌之日、挂牌期满 1 年和 2 年。主办券商为开展做市业务取得的做市初始库存股票除外	发行人公开发行股票前已发行的股份，自发行人股票上市之日起 1 年内不得转让。控股股东和实际控制人应当承诺自发行人股票上市之日起 36 个月内不转让
交易方式	可以采取协议方式、做市方式、竞价方式或其他中国证监会批准的转让方式	证券采用竞价交易方式，大宗交易采用协议大宗交易和盘后定价大宗交易方式
交易时间	每周一至周五 9:30 至 11:30，13:00 至 15:00	每周一至周五 9:30 至 11:30，13:00 至 15:00
涨跌幅限制	股票转让不设涨跌幅限制	涨跌幅限制比例为 10%，ST 和 *ST 等被实施特别处理的股票价格涨跌幅限制比例为 5%
数量限制	申报数量应当为 1000 股或其整数倍	通过竞价交易买入股票的，申报数量应当为 100 股或其整数倍

从上市挂牌条件和交易方式上可以看出，新三板放松了前端挂牌条件，更侧重于后端持续监督管理，重视主办券商的作用，这与目前注册制改革的大方向相符合。从交易方式上，新三板不设涨跌幅限制，但依然施行 T+1 交易模式，丰富了交易方式。

风险警示制度

新三板在风险警示方面对收入和盈利都没有硬性指标要求（见表 2-4）。新三板关键的一条是"净资产为负"，监管相对于主板、中小板、创业板更为宽松，应对经济环境的变动所导致的业绩变化也更有弹性。要求做风险警示的情况是：最近一个会计年度经审计的期末净资产为负值；最近一个会计年度的财务会计报告被出具否定意见或者无法表示意见的审计报告。

表 2-4　不同板块的风险警示条件

警示条件	新三板	创业板	主板、中小板
连续亏损		2 年，在披露其后首个半年报时	2 年
净资产为负	1 年	1 年	1 年
营收低于 1000 万			1 年
审计报告为否定或无法表示意见	1 年	1 年，在披露其后首个半年报时	1 年
未改正财务报告中重大差错		未按时改正，规定期限满后次一交易日	未按时改正，且公司股票已停牌 2 个月
未按时发布年报和半年报的		未按时改正，规定期限满后次一交易日	未按时改正，且公司股票已停牌 2 个月
股权分布不符合上市条件		连续 10 个交易日不具备上市条件的，在其后首个交易日	连续 20 交易日不符合上市条件，提出解决方案获交易所同意，恢复交易当天
股本总额变化，不具备上市条件		知悉股本总额发生变化，不再具备上市条件时	一旦发生，即暂停上市（不再风险警示）
宣告破产			披露相关破产受理公告后的次一交易日
公司解散			披露可能被解散公告后次一交易日

退市条件

新三板转板沪深股市或可不经过证监会。在退市条件中，新三板也没有对公司盈利、交易活跃度、交易股价等提出任何硬性要求，更加强调信息披露和主办券商的督导作用（见表 2-5）。

全国中小企业股份转让系统退市制度暗示了挂牌企业申请沪深交易所上市更为便利。其退市条件之一便是中国证监会核准其 IPO 申请，或证券交易所同意其股票上市。在此处表述中，向证监会申请 IPO 和向交易所申请上市采取了并列的方式，两者可选其一。

表 2-5 不同板块的退市条件

退市条件	新三板	主板	中小板	创业板
连续亏损		4 年	同主板	同主板
净资产为负		3 年	同主板	2 年
营收低于 1000 万		3 年	同主板	
审计报告为否定意见或无法表示意见		3 年	3 年	2 年半
因财务触及退市，未在法定期限公布年报		被暂停上市后未在法定期限披露年报	同主板	
未改正财报中的重大差错		6 个月	同主板	同主板
未按时披露年报或中报	2 个月	6 个月	3 个月	3 个月
累计成交量过低		120 个交易日累计成交低于 500 万股	同主板	同主板
收盘价低于每股面值		连续 20 个交易日	同主板	同主板
连续 20 个交易日股权分布不符合上市条件		暂停上市后 6 个月仍不符合的	同主板	同主板
公司股本总额发生变化，不再具备上市条件		交易所规定期限内仍不达标的	同主板	同主板
宣告破产		被法院宣告的	同主板	同主板
公司解散	公司清算注销	因故解散的	同主板	同主板
受到交易所公开谴责的			36 个月内 3 次	36 个月内 3 次
未在规定期限内补充恢复上市资料		未能在 30 个交易日内补充的	同主板	同主板
因财务被暂停上市后不具备恢复上市条件		因财务被暂停上市后不具备恢复上市条件的	同主板	同主板

从风险警示条件和退市条件上可以看出，新三板可以说相当宽松。但对信息披露要求却更加严格，未按时披露年报信息 2 个月就得退市，相比主板的 6 个月期限来说，对企业压力更大。当然，新三板最大的特色还是转板沪深股市的条件，可以向证监会申请或向证券交易所申请，也就是说未来可能绕过证监会审核直接到沪深交易所上市，这相对于沪深交易所 IPO 排队的数百家企业来说，新三板企业无疑是拿到了一张进入快捷通道的门票。

投资者参与条件

新三板参与门槛要求高，一般散户难以达到。新三板的投资门槛相较于主板、中小板和创业板限制都更为严格，不是一般人随便能够参加的，主要还是一个机构投资者占主体的投资市场。虽然个人投资者也可以参与，但投资者本人名下前一交易日日终证券类资产市值必须在500万元人民币以上，见表2-6。证券类资产包括客户交易结算资金、股票、基金、债券、券商集合理财产品等，信用证券账户资产除外。

新三板还要求个人投资者必须具有2年以上证券投资经验，或具有会计、金融、投资、财经等相关专业背景或培训经历。而且做市商等交易方式还在逐步引入中，目前主要是以协议转让为主，交投比较清淡。显然，能够参与新三板的个人投资者，绝非一般散户。

表 2-6 不同板块的投资参与条件

参与条件	新三板	主板、中小板和创业板
投资主体	机构投资者、信托基金等理财机构、自然人	自然人、法人、基金
资金限制	注册500万以上的法人机构；实缴500万以上的合伙企业；个人名下证券资产市值500万以上的	实际上无
经验限制	个人需具备2年以上证券投资经验，或者会计、金融、投资、财经等相关专业背景或培训经历	实际上无

市场投资回报

新三板投资回报率高于主板和创业板。新三板的真正腾飞始于2013年1月16日，全国中小企业股份转让系统成立。同年2月8日证监业协会公布《全国中小企业股份转让系统业务规则（试行）》，自公布之日起实施，这标志着新三板迈入了一个新的阶段。

从盈利能力来看，新三板挂牌企业2012年整体净资产收益率为15%，高于中小板和创业板的9%和7%；且从2010年以来，新三板挂牌企业净资产收益率持续高于中小板和创业板，这可能与其行业多为高新技术企业的特征有关，如图 2-1 所示。

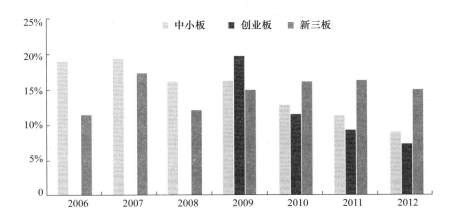

图 2-1　新三板与中小板、创业板净资产收益率对比

从成长能力看，新三板挂牌企业处于较快增长阶段。2012 年新三板营业收入同比增长 19%，净利润同比增长 17%。在净利润方面，同期中小板和创业板净利润同比均为负增长，分别是 -8.7% 和 -8.6%，如图 2-2 所示。

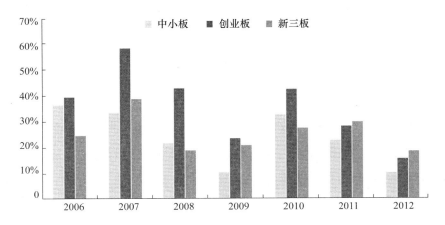

图 2-2　新三板与中小板、创业板营收增长率对比

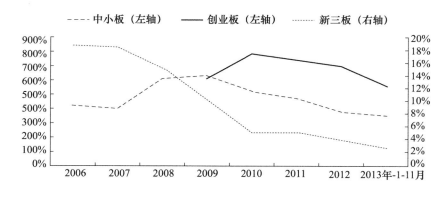

图 2-3 新三板与中小板、创业板股票年换手率

与其较高的盈利能力和成长能力相对照，低流动性使得新三板挂牌企业估值持续低于中小板和创业板上市公司。新三板股票的换手率极低，适合长期价值投资风格的投资者，投资者中风险投资占了一大部分。

2014年5月10日，证监会相关负责人在出席某国际金融论坛时，发表长篇演讲介绍新三板市场。他指出，中国各类企业有1400万家，可上市的极其有限，中小微企业在获得间接融资方面具有天生劣势，但其对资金的需求巨大。新三板恰恰为PE/VC等寻求高回报的股权投资者提供了与融资需求对接的平台。

与同为中小企业服务的E板、Q板的异同

对于中小企业而言，在新三板上市或者是在上海股权托管交易中心的Q板、E板挂牌都是非常不错的融资渠道，能够很好地帮助企业发展，但它们之间还是存在着很大差别。如果中小企业在选择时没有正确区分开来，会直接导致挂牌失败或者是融资数额不够，从而导致企业发展降速。上海股权托管交易中心的上级部门是上海市政府及上海证券交易所，企业挂牌要求其股

东人数不得超过200人，由推荐机构向上海股权托管交易中心申请，审核通过后报上海金融服务办公室备案。上海股权托管交易中心面向的投资群体也包括投资机构和个人投资者，但只需要50万元的资产证明。

E板，即非上市股份有限公司股份转让（Exchange）系统，运营机构为上海股权托管交易中心，主要股东为上海市政府和上海证券交易所，注册地为上海。

E板设立的目的与新三板相同，两家市场存在竞争和互补的关系。

Q板，即中小企业股权报价（Quotation）系统，运营机构同为上海股权托管交易中心。Q板旨在为中小微企业提供对接资本市场的机会，搭建一个综合金融信息服务的平台，提供各方信息，便于企业展示形象、金融机构发布金融产品、投资者挖掘优质企业。

Q板设立的意义更多在于为中小企业进入资本市场提供试水的空间，在可选择性信息披露制度下，探索企业在资本市场的发展模式，促进企业运营规范化。企业一旦经营扩大，逐步走上正轨，就可以通过绿色转板通道转至E板或进入新三板甚至主板市场（政策预期），节省企业挂牌费用及时间。

从挂牌产生的影响力来看，虽然上海股权托管交易中心时间较晚，但其规范性很高，属于新兴市场，而且挂牌门槛比新三板要低得多，有利于中小微企业初期的定向增资，为企业高速发展增添动力。当企业逐步发展壮大，需要更多融资时，可实行转板，并且在Q板与E板之间有绿色通道。如果公司Q板挂牌后达到E板要求，可以直接免费转板，直接进行线上的股份交易。

新三板与E板设立目的相同，能为挂牌企业带来的价值也相近，主要有以下几个方面。

（1）有利于企业融资。企业在挂牌上市后能获得相应市场的机构投资者的关注，公司的股票价值更容易得到市场的认可，由此可以获得银行的授信额度（一般为企业市值的50%），进行股份质押贷款。另外，还可以通过发行公司债及定向增发等方式实现融资。

（2）提升企业形象。挂牌上市后，可以提升企业形象，增强企业公信力、名誉、员工忠诚度。同时也有利于人员招聘、企业扩张、降低企业自身信用风险。

（3）试水资本市场。挂牌企业运营必须要规范，通过规范运营，企业逐步扩张之后，一旦符合主板上市要求，就可以申请转板（政策意向）。

Q板能为企业带来的价值与新三板及E板相近，相对不明显。但只要是具有高成长性的企业，一旦进入资本市场，就必然能得到机构投资者的关注，从而获得投资。

无论是新三板、E板或是Q板，挂牌后最大的风险在于进入资本市场后，企业的信息必须进行一定程度的披露，如果公司存在一定的历史问题，一旦得到披露，将会对公司造成较大的影响（Q板的信息披露由于是选择性的，影响较小）；同时，由于资本市场的敏感性，公司的业绩将受到市场的关注，运营承受较大压力；挂牌存在一定的费用：新三板挂牌费用为120万～200万元＋督导费，E板为挂牌费用120万～150万元＋督导费（各地政府对企业挂牌有补贴，金额从50万到200万元不等）。

适宜新三板或E板挂牌的企业为：

（1）目前企业经营状况未能满足中小板、创业板上市条件的企业；

（2）为了吸引投资者或者企业本身需拓展融资渠道的企业；

（3）不依赖合理避税而维持公司盈利的企业；

（4）企业和产品知名度需提升的企业（或者提升后对企业作用明显）。

挂牌 Q 板对企业的适应性要求与新三板及 E 板相近，但要求会相对较低，同时挂牌 Q 板的费用较新三板和 E 板少得多，挂牌费用约 6 万~10 万元，每年督导费用约 1 万元。

从转板政策来看，目前 Q 板与 E 板之间存在绿色转板通道，一旦 Q 板挂牌企业达到 E 板挂牌要求就可以申请转板，转板费用将得到一定减免，同时挂牌申请时间也会缩短。

新三板和 E 板转板政策方面，将来有可能会出台相应的转板政策，为符合条件的挂牌企业提供转往创业板或主板的绿色通道。

有关政府对挂牌的政策补贴方面，当前各地政府对新三板及 E 板挂牌有较大的政策优惠，补贴费用可能在 50 万到 200 万之间。

总的来说，新三板与上海股权托管交易中心的 Q 板、E 板都同属于场外交易市场（OTC），但新三板挂牌要求要比在 Q 板、E 板挂牌高，两者有一定的竞争关系，但又同时互相补充。企业在挂牌进行定向融资时，若在 Q 板、E 板能够融到足够企业发展所需的资金时，并不建议急于进行转板，这个时候进行转板形式大于实际意义。

与区域性股权市场的区别

根据全国中小企业股份转让系统手册与国务院有关中小企业系统以及整顿交易市场等方面的各项决定可知，新三板与区域性转让市场均是我国多层次资本市场的有机组成部分。新三板是经国务院批准，依据《证券法》设立的全国性证券交易场所，根据《国务院关于全国中小企业系统有关问题的决定》相关条款，市场建设中涉及税收、外资政策的，原则上比照交易所及上市公司相关规定办理。挂牌公司依法纳入非上市公众公司监管，股东人数可以超过 200 人，股份可以采用协议、做市及竞价（后两种方式需满足一定条件）等方式，按照标准化交易单位连续公开转让，采用 T+1 规则进行交收，挂牌公司除了通过 IPO 申请到沪深交易所上市外，还拥有直接申请到沪深交易所上市的通道便利。

区域性股权转让系统是由地方人民政府批准设立并监管的私募市场。根据《国务院关于清理整顿各类交易场所 切实防范金融风险的决定》（国办发【2012】37 号）的相关规定，区域性股权市场必须严格执行"非公众、非标准、非连续"的原则，即挂牌公司股东人数不允许超过 200 人，不得将股份按照标准化交易单位连续挂牌交易，且任何投资者买入后卖出或卖出后买入同一交易品种的时间间隔不得少于 5 个交易日（即 T+5）。

中国的纳斯达克

新三板上市企业的特点

自 2014 年年初首批企业集体挂牌以后，新三板企业数量实现大幅增长。截至 2014 年 12 月 31 日，新三板挂牌数为 1572 家，2014 年新增挂牌 1216 家，同比增长 3.4 倍。截至 2015 年 10 月 27 日，新三板挂牌公司总数达 3837 家，共有 1446 家公司完成了近 2000 次的股票发行，融资总额达到 813 亿元，较 2014 年全年增长 525%。全国中小企业股份转让系统有限责任公司副总经理隋强在2015年10月28日晚表示，据不完全统计，尚有近1000亿的融资计划还在走程序，因此，2015年全年有望突破1000亿的股票发行。截至2015年10月8日，新三板挂牌企业增至3585家，远超主板、中小板、创业板约2800家上市企业数量总和，预计年底有望达4000家。

从企业的地域分布来看，北京、江苏、上海和广东是新三板挂牌公司的主要分布地，主要是因为这四地为创业创新企业的汇聚地，中小企业资源比较发达。西部地区的经济活动并不活跃，甘肃、青海省及内蒙古自治区总共只有几家挂牌公司。北京、江苏、上海和广东创新企业多，各种政策利好，所以创新企业适合在这一类区域诞生、成长、发展、壮大，这是必然的趋势。

环渤海、长三角、珠三角受益于区域和资源优势，高新技术产业发展领先，挂牌企业数量相对集中。以江西、甘肃、山西等省份为代表的中西部地区，由于地理位置和资源的影响，创新经济并不活跃，挂牌企业数量相差悬殊。而西部地区的经济活动很不活跃。以重庆、云南、四川为代表的西南地区，也有一些高新技术在积累，一些优秀的高新技术企业也在崛起，通过借力资本市场走向全国。新三板市场门槛低、审核快，给发展中的中小企业提供了良好的成长空间。总而言之，新三板挂牌企业分布大体和中国的经济版图是相对应的。有一点区别是，北京、江苏、上海、广东，这几个地方是创新的聚集地，所以诞生大量的挂牌企业。笔者一行2014年去内蒙古筹备会议时，很多企业具备挂牌条件，但是不知道新三板是什么以及如何挂牌上市。原因很多，主要是社会氛围、知识含量、人才都有欠缺，政府引导与扶持力度也不够，所以这些地区新三板上市企业较少。另外，二线、三线城市，跟一线城市在创新领域比，方方面面的配套与基础设施都有较大差距，这些区域仍处于萌芽阶段。政府相关部门也注意到了这一点，采取一些措施加以扶持，如中国证监会2015年3月在京召开支持西藏资本市场发展座谈会，表示要从股权市场、债券市场、期货市场等方面向西藏自治区进行政策倾斜，西藏企业到"新三板"挂牌可以"即报即审"等。

从行业分布情况看，制造业是新三板的行业第一，以2015年年初的数据来看，制造业883家挂牌公司，占总挂牌企业数56.17%，总股本为339.73亿股，占比51.6%；其次是信息传输、软件和信息技术服务业，360家挂牌公司，占总挂牌企业数22.9%，总股本为84.85亿股，占比12.89%；其余行业的挂牌公司家数均未过百，建筑业、科学研究和技术服务业、农林牧渔业分别为57家、55家和38家。在占比最大的制造业之中，很多不是传统制造业，而是高技术、高成长、高创新的行业，比如计算机通讯、设备制造等高端设备制造企业。低端加工制造企业，每年只有5%或更低的利润，除非体量很大，否则没有成长性，不会有资本追逐。

在2013年末扩容之后，新三板市场出现了一些新的行业，比如以九鼎投资和财安金融为代表的金融行业，以海格物流为代表的物流业，以嘉达早教为代表的教育与培训行业，这些行业随着扩容新政的实施，行业属性也逐渐放开。

同时在新三板市场中，2014年机构所参与挂牌企业数量同比2013年有较大增长。曾经投资过新三板挂牌企业的机构比例为26.2%，而在这些机构中，表示计划投资新三板企业的机构占比75.9%，由此可见机构看好新三板市场的发展。根据私募通金融服务终端统计，在1572起新三板挂牌案例中，有412起有VC/PE投资，占比26.21%。在VC/PE投资的新三板挂牌企业中，机械制造行业数量位居第一，占比18.0%，融资10.65亿美元；IT行业企业数量位居第二，占比17.14%，融资0.62亿美元；挂牌企业数量第三名的是化工原料及加工行业，占比9.7%，融资0.88亿美元。挂牌新三板的公司广泛分布于高端制造业、TMT（科技、媒体、通信）、化工原料及加工、清洁技术等领域，并且这些领域的公司较新三板扩容之前有成倍增长的趋势。

新三板的制度特点

根据全国中小企业股份转让系统手册，为更好地支持中小微企业发展，发挥金融对经济结构调整和转型升级的支持作用，新三板围绕企业特别是中小微企业成长过程中对资本市场的需求特点，建立了以信息披露为核心、最大限度减少行政审批及充分体现市场化和包容创新精神的业务规则体系。

以信息披露为核心的准入制度

（1）不设财务指标，关注企业规范性以及信息披露的真实性。对中介机构重点核查信息披露的充分性、准确性、完整性，督促其提高执业质量；对挂牌公司提倡以信息披露为中心，强调要突出业务亮点、核心竞争力，并充分、客观揭示风险。

（2）尊重市场选择。运营机构不对企业价值做实质性判断，而是由主办券商着眼成长性自主遴选推荐企业，回归投资银行本质；投资者自主判断、自负盈亏；新三板做好制度安排，提高市场运行效率。

（3）《全国中小企业股份转让系统业务规则（试行）》明确了挂牌准入的6项基本条件，同时发布挂牌条件适用基本标准指引，最大限度地减少自由裁量空间，落实了"可把控、可识别、可举证"的工作原则。

"小额、便捷、灵活、多元"的融资制度

（1）新三板提供普通股票、优先股、中小企业私募债等多种融资工具。

创新的融资制度安排能有效满足中小微企业小额、快速的融资需求。

（2）有效贯彻公司自治原则，挂牌公司可以根据自身需要，自主确定发行股价数量、融资金额，且没有时间间隔要求。

（3）实行一定条件下的发行核准豁免与储架发行制度。根据相关规则，向特定对象发行股票后股东累计不超过200人的，证监会豁免核准。发行后股东累计超过200人或属于超过200人的发行，证监会也采取简便程序进行核准，审核时限为20个工作日；同时为简化挂牌公司涉及核准的发行程序，实施一次核准、分次发行的储架发行制度。

灵活多元的交易制度

新三板提供协议、做市和竞价三种转让方式，挂牌公司可根据公司自身情况及需要（做市及竞价需满足一定条件），在三种转让方式中自主选择。

责权利一致的主办券商制度

新三板按照市场化和责权利一致的原则建立起了主办券商制度，形成券商选择企业的市场化激励约束机制，促使主办券商以销售为目的推荐企业挂牌，以提升企业价值为目的提供持续的督导和服务。首先，主办券商推荐并持续督导是公司挂牌的重要条件，主办券商承担尽职调查和内核职责，深入了解公司情况并决定是否推荐公司挂牌，新三板通过检查主办券商工作底稿看其是否按规定履行了尽职调查和内核职责，以此达到使公司真实、准确、完整地披露信息的目的；其次，主办券商在推荐公司挂牌后，要在公司挂牌期间对其履行持续督导职责，督促挂牌公司诚实守信，规范履行信息披露义务，完善公司治理；再次，引导主办券商与挂牌公司建立长期稳定的市场化合作关系，为挂牌公司提供做市、融资、并购重组等资本市场服务，使主办券商的信誉和利益与挂牌公司长期发展紧密联系，从而分享企业长期成长收益。

严格的投资者适当性管理制度

由于挂牌公司多为中小微企业，经营不稳定，业绩波动大，投资风险相对较高，这在客观上要求投资者必须具备较高的风险识别和承受能力；同时，作为我国多层次资本市场创新发展的"试验田"，新三板产品、制度等方面的创新，也要求参与市场的投资者必须具有一定的风险识别和承受能力。为此，新三板建立了较高的投资者准入标准，以切实防范风险外溢，维护投资者的合法权益。对于不符合投资者适当性要求的个人投资者，可以通过专业机构设计发行的基金、理财产品等间接投资挂牌公司。

对新三板未来的预测

未来有很多变数，尤其是风起云涌的资本市场受外部环境、政策等条件变化影响很大。资本市场的变化有很多系统的因素，某一个因素的改变可能引发一段周期的变化，所以很难有一个模型把五年内资本市场的变化很清晰地描述出来。但是从对市场整体分析来看，还是可以做出一些初步判断的。

市场的包容性足够大

因为小企业的体量与基数大，所以潜在可上升的资源是丰富的。我们不缺新三板的企业，不缺资源。传统产业在觉醒，一些高质量的企业也在关注新三板，这些都会导致一些变化。

小微企业上市的门槛实际上在逐步提高。目前，尽管新三板规定的门槛是 6 条，但是从券商操作，从做市操作来看，门槛在逐渐提高。比如，互联网行业要求 100 万元以上的利润，传统产业要求 800 万～1000 万元的利润，低于这些指标的企业即使挂牌，很多券商兴趣也会很淡。而且现在券商内部队伍都非常繁忙与紧张，缺乏人力资源配套服务，甚至很多业务都外包了，辅导机构前期主要是准备与整理材料，核心工作就是股改。所以新三板中后期上市的企业质量提升，这是一个最重要的趋势。

笔者预计，在未来 3 年，券商会逐渐提高标准，这也是受券商经济利益的驱使，因为券商现在前端收费很少，仅几十万到上百万元的服务费即可协助企业挂牌上市，利润很小。对券商而言，真正挣钱的是做市，而做市是好企业才有资格，资质差的企业即使选了，做市也很难挣钱。所以，从经济利益驱使的角度来看，券商是嫌贫爱富的。从现在的趋势就可以看出，和早期相比是反过来的，原来是券商追逐企业挂牌上市，现在是企业求着券商帮助上市，形势发生了逆转。将来可能有两个变化，从供给的角度看，做市商的资源越来越多，有做市资格的券商会越来越多；从需求的角度看，企业想做市的越来越多。

企业的价值合理体现

从未来资本市场的活跃度、交易量、流通性的角度来看，资本市场最核心的命脉是二级市场的流动性。随着二级市场的投资者增加，不管是做市也好，投资也好，最终消化是通过二级市场的流动性、通过并购来实现的。说白了，股权是要退出的，通过什么方式退出，无外乎并购与交易这几种方式。这几种方式之中，沪深股市容易退出，是因为集合竞价方便交易，股权流动性高。而做市与之最重要的区别是交易量不大，库存股现在是一百万股，或者几家券商加起来，只要超过一百万股，或者是5%的库存股就可以了。在这样一种约定之下，只要有一千股就可以交易了，几千块钱就可以在上面买卖，这个交易量很小。看似有股价，比如说8块，但是交易只有8000块钱，实质上只有很小的价值。做市交易目前依然存在，但是预计随着集合竞价这种交易制度的推出，会有相当一部分企业通过转板成为真正的A股上市企业。

笔者个人观点认为，协议转让的价格并不代表企业真正的价值。典型的案例如某新三板龙头企业的股价，在一个交易日从800元/股的价格瞬间变为1元/股。事后经调查是两个股东之间转让，商量好就按1元钱转让。因为不和其他人买卖，只跟某特定方买卖，所以出现了"中山帮"，就是自己买自己，自己卖自己，炒作股价吸引关注，进而扰乱市场。据《国际金融时报》2015年4月13日《逼上梁山的"中山帮"》报道，"中山帮"不是黑社会，而是对"中山市广安居企业投资管理有限公司""中山市八通街商务服务有限公司""中山市三宝股权投资管理有限公司""谭均豪"等4个账户的合称。由于这四个账户均托管于中信证券中山市中山四路证券营业部，因此被外界称为"中山帮"。因频繁、大量地进行反向交易，多次以大幅偏离行情揭示的最近成交价的价格下单，以及以大幅偏离行情揭示的最近成交价的价格成交，造成市场价格异常，严重干扰市场正常的交易秩序和正常的价格形成机制。2015年4月7日，全国中小企业股份转让有限责任公司终于下达了处罚决定：对中山帮4个账户采取限制证券账户交易3个月的监管措施。全国中小企业股份转让有限责任公司针对"中山帮"对倒交易的一纸罚单，似乎将这波新三板"疯狂的股票"事件画上了一个句号。但事情远没结束，隐藏在事件背后的交易系统、协议转让制度等问题，正慢慢浮现在日益升温的新三板面前。

现在证监会正在规范这个行为，这反映了两条：第一，目前新三板市场仍然有大量不规范的政策漏洞，管理部门会逐渐弥补这些政策漏洞；第二，新三板的协议转让方式不能代表企业的真实价值。800元和1元，究竟哪一个是真实的价值，可能都不是。做市交易是可以解决集合竞价问题的，虽然集合竞价是最公平、最合理的一种竞价方式。

做市交易的优点首先在于做市商有一种天然的驱动力，要把价格定在符合企业真实价值的水平，因为它是双向报价。市场规定做市商必须有两家以上的做市商，而不是一家。定价都是由做市商定价，并不是企业定价，做市商来定股价是5元还是8元。而二级市场定不了，卖5元就是5元，只不过有卖得出去卖不出去的问题。其次，做市商是每5分钟报一次价，即买入价和卖出价，而且有一个很重要的规定，买入价和卖出价之间不得超过5%。比如说报买入价4元，卖出价肯定不能超过4.2元，做市方挣的是2毛钱的差价，所以做市有一种天然的驱动，即相对公平的定价与追逐差价。二级市场和投资机构也在判断这个企业的真实价值，实际这也是一个博弈过程。

同时，做市交易制度规定投资者之间不能买卖，互相看不见。在系统里面，A投资者、B投资者之间是看不到的，互相不知道报价，买了多少你根本不清楚，只能看到做市商报的买入价、卖出价。线上交易点击鼠标在市场购买，互相之间不知道，都是通过做市商平台交易。股价卖得动就卖，卖不动就自然降价，做市交易就是在调节。所以，做市市场既不能偏离太高，又不能太低，太高卖不动，太低会亏钱。这种交易制度导致做市商仅挣个差价，但是要合理、公平地定价，要把对企业合理的估值、定价通过做市交易这种行为体现。

从此概念上来讲，做市交易制度能解决企业的评估定价问题。而只有这样一种交易行为才能让投资者不追逐泡沫，真正做投资而不是投机。所以，从交易制度来看，笔者预计未来随着做市商制度资源的增加和做市企业资源的增加，资本市场会得到很好的规范。做市商制度是一种很好的交易制度，而且未来预计会有50%的企业做市。未来新三板不会存在大泡沫，可能会有一定幅度的波动（除了协议转让的，我们可以不参考，而且未来协议转让一定是主流，类似线上交易，你情我愿，定价交易）。

并购增加

从长期来看，并购行为还会加大。现在已经发生新三板企业并购A股企业的案例，但更多是主板市场企业并购新三板市场企业。出现这些现象最大的原因就在于新三板是一个孵化器，是A股或者是创业板的孵化器。新三板类似筛子，通过市场筛出一些做市的，筛出一些集合竞价的，筛出一些位于塔尖的。A股公司盯着新三板市场，希望通过资本运作使本身的股价上涨。只有通过并购同行，并购相关管理企业，A股本身的市值才会增大。基于这个特点，将来新三板市场企业一定会成为A股企业群狼的眼中肉，从而发生大量的并购行为。当然，由于新三板目前流动性依然不强，并购行为只是少量发生。但是可以预见，未来随着活跃度的不断增加，并购是非常容易的，而且从操作方式上看也非常容易。上市公司之间的并购和非上市公司的并购非常简单，既可以通过股权并购，也可以通过现金并购，本身都可以很规范，这样会导致资本运作的空间进一步增大，板与板之间的联动会进一步增强。

企业通过并购会拉长产业链，会有很多好处，业务上形成垄断，提高竞争力。企业可以并购竞争对手，并购同行。企业没有上市，想等第二年再上，很可能就被并购了，因为对手可能有大量的资本进入，所以，没有资本的力量，企业发展再好也有缺陷。笔者曾跟一些企业家交流，有些企业家说不想上市，因为不缺资金。实际上，企业上资本市场的目的不单纯是为了解决融资问题，而是通过资本运作，最终回归到企业发展上。企业的并购、重组、股改，都是很重要的资本战略。企业若是不进入资本市场，通过内外力发展壮大自己，很可能会被发展壮大的同行或者对手吃掉。所以，新三板上市的企业能寻找并购别人的机会以及被并购的机会。有时被并购也并不是坏事，并购到大上市公司之中，可能平台更大了，虽然有时老板的股权可能变小，但是企业的品牌与市值可能更大，企业家与企业实现双赢的概率也会增大。这是一道选择题，企业可以选择不被并购，也可以选择被并购。企业若不是上市公司，可能就没有资本愿意追逐。企业上市前本身可能不规范，连企业值多少钱都定不了，但经过上市可以解决这一系列问题。

关注企业自身的价值

从长远看，还要回归到价值本身，无论是企业还是投资者都应明白，资本市场最终是要推动企业去发展。新三板带给企业的，除了规范性以外，更多的是直接通过资本，来推动企业的发展。如果企业、团队、市场很差，有资本加入也没有用。有些企业在新三板市场融完资以后没有战略，没有市场，只能炒股票或者融来资以后做理财，失去监控。这种企业偶尔会出现，未来这种企业一定是要被淘汰的，即便退不了市，也会融不来资，挂在市场之中也就是起个展示作用。因此，资本加入还是要回归到企业本身，上市才仅是企业发展的开始。这也是国家推出新三板的核心原因，回归到价值本身，通过市场的外力，解决的是企业本身的发展问题、成长问题。

企业的老板和管理者如果没有想明白，那么即使上市也作用不大。企业自身要有很好的团队、战略、市场、技术等，通过高成长率来吸引资本，通过资本市场放大财富效应。

高成长性企业成为新三板的宠儿

关于未来何种企业会成为新三板真正的宠儿，从预测来看，真正的宠儿无外乎高成长性的企业，其次是高技术性的企业。为什么关注互联网、关注高新技术，是因为其代表着先进生产力。另外，现在商业发展速度很快，传统的行业很容易进入，而高技术、高壁垒的行业是有行业与技术门槛的，这样的企业用资本去推可以推出好的、大的公司出来。从这个角度看，这些技术性强的、成长性好、团队好的企业将来会处于新三板的塔尖，不仅资本会追逐，而且会吸引全世界的资源参与企业发展。

在强大的外部资源的推动之下，企业很容易快速成长。一个企业通过资本市场上市以后，最核心的任务是解决本身的发展问题。资本的问题交给专家，企业只要把经营问题解决好，把技术问题解决好，把市场问题解决好，这就可以了。在热闹之后回归平静，整个新三板企业的体系要回归于此。

中国企业在世界崛起

从趋势来看，笔者预计未来新三板会冒出一些参与国际竞争的大公司。当代企业发展的速度奇快，很短时间就能催生出颇具成长性与前景的好公司，如最早的百度、阿里、腾讯，现在的小米、360、京东等。新三板市场是聚集全社会最具成长性与创新性行业的市场。基于这些特点来看，未来参与国际化竞争的企业，会大量出现在新三板市场中，这就要看新三板的企业家们如何来借助资本谋求自身发展了。中国有十多家大创业系别，腾讯系、华为系、百度系等，这些系别出来的创业者很多都是带着前沿技术、高端产品参与到整个创业环境中的，相信未来会诞生更多知名的、世界性的企业。

整体来看，笔者认为新三板未来的市盈率会超过创业板。一个企业成长速度最快的阶段，是从进入成长期一直到成熟期这个阶段。类似于开车，这辆车是好车，而资本就是汽油，多加油就可以快速奔驰起来。反观创业板，原来它的自身定位是解决高成长企业问题的，结果很多挂牌企业跟中小板差不多，没有什么本质上的区别，而且成长性较低。从这个角度来讲，新三板中一部分真正处于创业期的企业，或者叫高成长企业，将来市盈率一定会超越创业板。现在已经有一些类似于九鼎投资之类成功的案例，将来还会有一大批出来。中国本身就是全球市盈率最高的国家之一，从这点来看，这也是很多人都说新三板市场是中国的纳斯达克的原因。

第三章

进入新三板的好处

新三板致力于为企业提供完善的资本市场服务,并推动企业实现自身的"基因改造"。进入新三板,好处诸多,可总结为包括并购、融资、管理等内容在内的规范治理和对管理层的股权激励两大类。

谁能跨入新三板

对挂牌准入的六个条件的解读

《国务院关于全国中小企业股份转让系统有关问题的决定》（国发【2013】49 号）指出，境内符合条件的股份公司均可通过主办券商申请在全国中小企业股份转让系统挂牌。根据《全国中小企业股份转让系统业务规则（试行）》规定和新三板资本圈网站提供的相关资料，股份有限公司申请股票在全国中小企业股份转让系统挂牌，不受股东所有制性质的限制，不限于高新技术企业，只需符合下列条件：

（1）依法设立且存续满 2 年。有限责任公司按原账面净资产值折股整体变更为股份有限公司的，存续时间可以从有限责任公司成立之日起计算。其中，依法设立，是指公司依据《公司法》等法律、法规及规章的规定向公司登记机关申请登记，并已取得《企业法人营业执照》。存续满 2 年是指存续 2 个完整的会计年度。

（2）业务明确，具有持续经营能力。其中，业务明确是指公司能够明确、具体地阐述其经营的业务、产品或服务、用途及其商业模式等信息。公司可同时经营一种或多种业务，每种业务应具有相应的关键资源要素，该要素组成应具有投入、处理和产出能力，能够与商业合同、收入或成本费用等相匹配。持续经营能力，是指公司基于报告期内的生产经营状况，在可预见的将来，有能力按照既定目标持续经营下去。

（3）公司治理机制健全，合法规范经营。其中，公司治理机制健全，是指公司按规定建立由股东大会、董事会、监事会和高级管理层（以下简称"三会一层"）组成的公司治理架构，制定相应的公司治理制度，并能证明有效运行，保护股东权益。合法合规经营，是指公司及其控股股东、实际控制人、董事、监事、高级管理人员须依法开展经营活动，经营行为合法合规，不存在重大违法违规行为。

（4）股权明晰，股票发行和转让行为合法合规。股权明晰，是指公司的股权结构清晰、权属分明、真实确定、合法合规，股东特别是控股股东、实际控制人及其关联股东或实际支配的股东持有公司的股份不存在权属争议或潜在纠纷。股票发行和转让合法合规，是指公司的股票发行和转让依法履行必要的内部决议、外部审批（如有）程序，股票转让须符合限售的规定。

（5）主办券商推荐并持续督导。主要是指，公司须经主办券商推荐，双方签署了《推荐挂牌并持续督导协议》。主办券商应完成尽职调查和内核程序，对公司是否符合挂牌条件发表独立意见，并出具推荐报告。

（6）全国中小企业股份转让系统有限责任公司要求的其他条件。

对以上条件，我们可以进一步解读如下：

第一是依法设立企业存续满2年，这2年是指2个会计年度。如从今年的1月1号到今年的12月31号，这算是一个会计年度；去年的1月1号到去年的12月31号，算是一个会计年度。把这2个会计年度的财务账本拿出来，有业绩、指标等才可以，而不是简单地存续2年。有的企业成立2年，但可能是去年4月成立的，就不够2个会计年度的标准与要求。会计年度必须是从1月份到12月份，2个会计年度，不是简单的2年的概念。

第二是业务明确，具有持续经营的能力。这个也是比较重点的问题，比如企业第一年有400万利润，第二年零利润，这种企业挂牌上市就比较困难，因为业务不稳定，不具备持续经营与盈利的能力。有些咨询类的企业不好上市，就是因为这类企业以人为核心，一单一单做，如果管理层或者业务员被挖走或流失，公司业务就会受很大影响，也是不太持续的或者具有一定风险的。而一些制造业，工厂有机器、设备、人员，有持续的订单，可以大致预测出生产与利润，这样的企业上市就很容易。所以首先看行业有没有持续性，如果企业没有持续性，波动性很大，而且还有重大客户依赖，比如一家客户占百分之百的收入，或者就两家客户，或者过度依赖央企，这样的企业风险就非常大，未来某天合作方、客户或央企出现领导变动等因素不跟这个企业合作了，企业可能马上就会垮掉。所以这类企业上市很难，因为业务的持续经营能力没有解决。

第三是公司治理机制健全，且合法合规。治理机制健全是指必须按照上市公司的要求，监理公司治理架构，建立董事会。这是企业从有限责任公司转到股份有限公司以后是必须要求的，不是企业想不想设置的问题，是必须设置的问题。董事会、监事会，以及具体的硬性制度、硬性体系、财务的规范性、审计这一系列的东西都有明确的规定，有会计师进行整改。合法合规经营主要是指不要产生重大的违规行为。

券商进入现场以后首先做尽调，即尽职调查。通过对公司财务状况（内部控制、财务风险、会计政策稳定性）、公司持续经营能力、公司治理、公司合法合规事项等进行调查，出具尽职调查报告。报告完成以后要做成股改方案。股改方案就是让公司从有限公司转到股份有限公司，股东结构要变，重新工商注册，重新变更。股权的股本要做设计。会计师进入后规范财务，并进行审计评估工作。律师做法律方面的审查审核，看企业是否有违法违规的历史和行为，出具法律意见书。券商、会计师事务所、律师事务所等中介机构报各类材料给全国中小企业股份转让有限责任公司相关部门，对所报材料进行审核质询。如果所有材料合格，符合挂牌上市的条件，企业最终完成挂牌上市。现在，主办券商实行终生督导制，不是企业挂牌后任务就完成了，而是要对企业进行终生督导。未来企业出现不规范的行为，主办券商也要负连带责任。所以，一旦出现报虚假材料或者有违规、欺诈等行为，不只是企业会被处罚，中介机构责任方将被一并处罚。

第四是股权清晰，股票发行和转让行为合法合规。股权清晰主要指不要有股权纠纷，如果企业历史沿革里股权有过转让，而且转让行为不合法，发生过违法违规行为甚至纠纷，就会影响挂牌上市。

哪种企业容易上新三板

哪些企业适合挂新三板，哪些可以更快地跨入新三板，关键因素看新三板鼓励哪些行业。尽管很多企业都可以上市，但是上市的受欢迎程度和快慢程度以及做市程度都是不一样的，新三板鼓励的行业定位很清楚。

新三板支持的就是几个重点行业，如信息技术、新能源、高端装备制造、生物医药、新材料、节能环保等，这也是投资机构追逐的一些领域，同时也是新三板上市主要扶持的一些领域。其他行业的企业只要成长性好也可以接受。

鼓励的企业类型有几大类，一类是有自主知识产权的，有专利或各种技术壁垒的；第二类是知识产权已经转化成产品的，实现产业化的；第三类是公司已经形成一定的商业模式、经营模式、盈利模式的，例如阿里巴巴这种模式是别人很难模仿的；第四类就是公司处于快速发展阶段，而有些发展慢的企业，尽管体量大，但是给投资人带来的议价空间很少。

鼓励的企业种类还有六类。第一类是技术含量高，处于初创期，能达到一些股转基本条件的企业。第二类是具有一定的盈利能力，但是有发展瓶颈的企业。原因就在于好多企业已经实现了市场、客户的开拓，属于给点资金就能快速成长的企业，这些企业只要借助新三板，成长性会很快，它的瓶颈无外乎金融瓶颈。第三类是未来2～3年有上市计划的企业。这个上市计划不仅是上新三板，而且打算上创业板，现在这些企业纷纷转新三板。创业板周期长、成本高，很多企业直接转新三板就可以了。第四类就是难以上市的企业。受限于IPO政策，难以在主板、创业板上市的企业，未见得新三板不能上市。第五类是寻找并购和被并购机会的企业。新三板给这些企业打开一个最重要的大门。回到企业本身来讲，融资只是解决资金的问题，而真正的市值管理或者资本运作还要关注并购的行为。第六类是尚未盈利的互联网企业，这类企业靠自身发展太慢了，靠民间融资太慢了，怎么办？上新三板，一旦上新三板，所有的投资机构都会关注你，所有的公告都在显示，很快就能全国知名。所以与其费劲寻找投资机构，还不如上市后等着投资自动上门。

中国共产党第十八届三中全会提出要健全多层次资本市场体系，随着《证券法》的修改、股票发行注册制的改革以及做市商制度的推行，我国的资本市场将迎来更好的发展机遇。新三板作为我国多层次资本市场的重要组成部分，在中国经济转型和创新驱动的背景下，将展现出不可替代的战略价值，其发展前景值得期待。因此，企业必须深刻认知新三板的特点和市场地位，结合企业自身的发展战略规划，选择是否在新三板挂牌，只有这样，才能真正发挥新三板的挂牌价值。

不能上市的硬伤

上市审核重点关注四个方面的问题。这四个方面是一定不能有问题的，存在这些方面的问题，企业就难以上市。

第一个审核重点关注历史沿革，就是公司从成立到现在出资的合法性、有无抽逃的行为，包括股权转让等都是要重点关注的。

第二个审核重点是独立性审核，这里面包含有无关联交易的问题。例如，老板实际控制的好几家公司都干同样的业务，互相倒卖，这种情况是不允许的。同业竞争中客户和供应商之间存在重大依赖就需要审核。

第三是合法合规。有无受到税务、工商、环保等部门的处罚，董事会、监事会及高级管理层三种人有无受到行政处罚，审批手续是否合法合规。现在管理部门重点关注的还有环保和员工劳动保险问题。

第四个审核重点是财务审查。有的行业如餐饮行业特别不好确认收入，餐饮行业上市大家都不愿意投，原因就是企业经常不开发票，很多人吃完饭就走。有些大的企业偷税漏税，可随便做账，比如实际收入5个亿，账上做5000万都可以。这类企业是财务审核的重点，审核中有一套财务的确认标准。

中国的民营企业严格来说很多都没有严格规范，这里就需要整理而不是包装。现在很多机构会提到"包装上市"，而实际的操作中却容不得半点包装。很多包装，就是会计师做假、律师做假，有很多企业相关负责人和"包装"机构都被处罚的案例，甚至涉及A股上市公司。所以，在这种背景下所谓的"包装"不合法合规，应该杜绝。只有严格规范、合理合法，按照市场规则与秩序进行整理，并进行相关操作，才是企业上市的正道。

进入新三板的好处

企业进入新三板有很多好处,新三板能够促进上市企业的健康发展。根据全国中小企业股份转让系统手册和相关企业资料可知,新三板致力于为企业提供完善的资本市场服务,并推动企业实现自身的"基因改造"。

促进企业发展的八大好处

(1)直接融资。新三板"小额、便捷、灵活、多元"的融资制度安排符合中小企业融资需求特征。挂牌公司可以根据自身发展需要,在挂牌的同时发行股票,或挂牌后通过发行股票、债券、优先股等多元产品进行融资。

(2)股票公开转让。企业挂牌新三板前,股权缺乏公开流动的场所和途径,而挂牌后,股票交易方式除了协议转让外,还可选择能有效盘活市场流动性的做市转让和竞价方式,公司股份可以在新三板公开转让、自由流通。股份适度流动不仅方便投资人的进入和退出,还可以带来流动性溢价。

(3)价值发现。普通公司的估值方式较为单一,通常以净资产为基础估算,不能体现企业发展潜力。资本市场看重的是企业未来的成长性,而非过往表现。在新三板挂牌后,二级市场会充分挖掘公司潜在价值,企业估值基准也会从挂牌前的净资产变为成长预期。实践中,很多企业一经挂牌就受到众多战略投资人的青睐，公司估值水平得到显著提高。

（4）并购重组。资本市场平台的并购重组是优化资源配置、推动产业结构调整与升级的重要战略途径。新三板挂牌公司通常处于细分行业领先地位，增长潜力大，发展过程中能主动整合产业链上下游企业，甚至被上市公司等收购的情况也时有发生。证监会已经出台《非上市公司收购管理办法》及《非上市公众公司重大资产重组管理办法》，减少了事前行政审批事项，突出企业自治，降低并购重组成本。新三板挂牌公司可借助市场平台进行产业整合，实现强强联合、优势互补的乘法效应。

（5）股权激励。创新创业型中小微企业在发展中普遍缺少人才，而股权激励是吸引人才的重要手段。新三板支持挂牌公司以限定性股票、期权等多种方式灵活实行股权激励计划。新三板挂牌企业经过股改等一系列整改后，治理较为规范、股权相对分散，在股权激励上具有优势。而且这方面的政策也十分宽松，企业可以根据自身需要自主选择股权激励方式，只要履行信息披露即可，这都为公司留住核心人才创造了条件。此外，由于挂牌公司的股权有了市场定价和进出通道，员工拿到的股权可以较为方便地变现，也为股权激励的实施解除了后顾之忧。

（6）规范治理。规范的公司治理是企业获取金融服务、对接外部资本的基本前提，也是实现可持续发展、确保基业长青的根本保障。主办券商、会计师事务所、律师事务所等专业中介机构将帮助公司建立起以"三会"为基础的现代企业法人治理结构，梳理、规范业务流程和内部控制制度，大大提升企业经营决策的有效性和风险防控能力。挂牌后，主办券商还将对公司进行持续督导，保障公司持续规范经营。

（7）信用增进。挂牌公司作为公众公司纳入证监会统一监管，履行了充分、及时、完整的信息披露义务，信用增进效应十分明显。在获取直接融资的同时，可以向银行、小额贷款公司等申请信用贷款。新三板已与多家银行建立战略合作关系，相关银行均已开发出针对挂牌公司的专属产品。

（8）提升形象。挂牌公司作为公开披露信息的公众公司，在公众、客户、政府和媒体中的形象和认知度都将得到明显提升，在市场拓展及获取地方政府支持方面都更为容易。同时，公司行为受到一定的监管和监督，间接促进了挂牌公司的规范治理，进一步提升了企业形象。

两大核心好处体系解读：规范治理

以上好处，可以分为两大核心：第一大核心是以规范治理为主，包括并购、融资、管理等方面的内容。第二大核心是股权激励，包含新股权可以转让、激励管理层等方面的内容。

具体解读来说，规范治理的好处如下：

公司梳理

很多企业认为规范后就不自由了，但企业要挂牌，必须符合新三板的一套要求。因此准备挂牌的企业会由主办券商帮助把公司的里里外外梳理一遍，所有的法律关系、资产关系，都要请证券公司、会计师事务所、律师事务所理清。本来是有限公司的，还要经过股改变为股份公司，根据《公司法》的要求设立董事会、监事会等。原先治理混乱的小公司可以借此机会规范治理，有过偷税漏税经历的公司也可借机洗心革面。经过这样一套洗礼，企业也就算踏入了资本市场的大门，信用也提高了，今后若想IPO也更容易些，也会有越来越多机构愿意跟规范性强、信用高的企业去合作。

并购重组

第二大的好处就是并购重组,成为上市公司的并购池。上了新三板,很快就可以发生并购行为,企业也可以通过资本市场去并购。企业本身规范了,A 股上市公司并购新三板上市公司操作起来也就非常简单。对于初创期的企业来说,被一家成熟公司以保留相对独立性的方式并购,借此获得良好的融资通道和业务拓展平台,也是一种不错的选择。而企业挂牌新三板,就等于在一个全国性的公开平台上把自己亮了出来,很多有收购意向的企业会在上面寻找"意中人"。

由于新三板挂牌企业中多数公司属于初创类企业,商业模式和发展环境具有较大优势,再加上高成长性以及高性价比,新三板企业早已成为并购市场的热门目标。2015 年以来,已有超过 100 家挂牌公司被并购。

值得注意的是,新三板企业已不满足于坐等收购,而是频频出击,通过定向增发的方式实现并购重组。数据显示,一年来已有 70 余起主动并购案例。九鼎投资通过并购方式控股 A 股上市公司,成为新三板"逆袭第一股",颇为引人注目。

融资

对企业来讲,财务规范最重要,财务规范以后企业融资才好定价与评估,这会助推企业的成长。便利融资是企业挂牌新三板最大的动力之一,具体实现方式上,企业可以在挂牌的同时定向增发,也可以在挂牌后根据需要推出定向增发计划,未来还有可能发行债券、优先股等。其中,挂牌同时定向增发的"双模式",被业界称为"小 IPO",颇受拟挂牌企业追捧。明星企业诸如云南文化、中科招商等公司的定向增发,基本都遭遇"秒抢",甚至有传言，这些企业的定向增发股份需要靠关系才能拿到。

除了直接融资，挂牌新三板还有助于企业增信，为获得信贷支持提供便利。一家企业登陆新三板，意味着同时获得了券商、会计师事务所、律师事务所的信誉保证。同时，挂牌公司纳入证监会统一监管，履行信息披露义务，大大降低了违规操作的可能性，信用增进效应十分明显，企业可因此向银行、小额贷款公司申请信用贷款、股权质押贷款等。不过，尽管新三板对于企业融资是有帮助的，但企业的融资能力最终取决于自身的经营状况和成长潜力，一些本来各方面就很差的企业抱着"圈钱"的目的挂牌后，未必能如愿以偿。

新三板融资主要靠三种方法，第一种就是定向增发；第二种是通过股权质押来抵押贷款；第三种就是发行私募债、可转债，类似于债权的融资。目前比较重要的是定向增发。定向增发必然会使人联系到股权交易。股权交易只有两种方式，第一种叫股权转让。所谓股权转让就是股东手里的股票卖给第三方，钱进入股东的口袋，公司股东就由 A 变成 B，或者是增加了一个股东。转让双方有一个转让价，只要经过股东会表决同意，就可以履行一定的法律手续进行转让，当然上市公司的转让都是有条件的。第二种方式就是定向增资，也就是定向增发。钱进了公司里面，股权是稀释的，而不是购买。例如原来股本 5000 万，在这个基础上增发 1000 万股，变成了 6000 万股，每股的净资产在变化，这个钱进来用于生产经营等业务，财务指标在发生变化，总而言之是钱进来了，股权被稀释了。

两大核心好处体系解读：股权激励

创新行业的一对翅膀，一个是资本，一个是激励。从企业的角度，尤其是从二次创业的企业和成长期企业的角度来说，最缺的不是技术，而是管理。这些企业的老板就像业务员，在这种情况之下怎么带动企业的发展呢？

股权激励很重要，而且实施股权激励，公司上市和不上市区别是非常大的，非上市公司做股权激励，效用非常低。公司没有上市，企业发展好了，老板诚实一点给你分点红，不诚实可能连分红都没有。而上市以后就不一样了，股权可以通过资本市场转让，那就不是老板说了算了。上市以后做团队的激励，实际上效用会被放大一百倍。所以，要用股权解决好创新企业的内部团队激励。

股权的流动性

在资本市场上老板的财富是可以套现的。原来无论经营多大，企业都缺少资金，经营越大的企业越缺钱。好多企业如房地产企业，那么一大片资产，几十个亿压在那，要让企业拿出几千万现金都很难。原因是有钱就参与市场循环了，而不是放在账上。但是上市以后就不一样了，企业可以根据需要来操作，一般情况下老板与管理层的股权是可以解禁的，当然会有限定。如果是在挂牌之前进去的，一般锁定一年，投资机构挂牌以后就没有锁定了，随时可以退出。这样的好处是什么？老板可以把钱装回自己的兜里，而原来是不可以的。企业是有限责任公司的时候，老板只有通过分红获得企业的利润，部分民营老板会用不规范的手段套取公司利润，比如多增加费用、收入不入账等。而上市公司则可以名正言顺地通过资本市场实现股东财富效应。所以，从这个角度看，企业家要想真正合理、合规地实现财富收益，那就通过资本市场。例如，企业家说有50亿资产，不会说是有50亿现金，就是因为资产转换成现金需要一个过程。所以，对于企业家而言，想休息了或不想干了，可以逐渐卖股拿些钱，这就是创业者转化成分享者。笔者见过很多老板与企业家的孩子不愿接手长辈的好企业，而是有自己的兴趣、追求与规划，尽管长辈的公司经营得非常好。这种公司就适合挂牌上市，上市之后实现职业化与外部监管，老板卖点股权把钱变现即可。如果孩子不想接班，可以把公司股权逐渐变现，把现金资产留给孩子与后辈。

以上是老板与企业家比较关注的重要而直接的好处，此外还有其他好处。

（1）进入政府扶持视野。地方政府为了政绩考虑，通常会大力帮助企业在新三板挂牌，比如给予财政支持、税收补贴等，个别地区甚至零成本挂牌。

（2）提升形象。企业挂牌之后，有了全国性的展示平台，拿到了六位数的证券代码，形象瞬间提升不少，在公众、客户、政府和媒体中的形象和认知度都能得到明显提升，在市场拓展方面更加容易。

（3）员工的认同感也会更强，有利于留住人才。企业登陆新三板，就踏进了资本市场的大门，在信息披露、公司治理等方面离IPO的标准都更近了。

（4）结识了友好的券商伙伴。很多券商接新三板项目就是以帮企业IPO为目的，无疑会为企业的上市提供不少便利。

挂牌新三板的成本无外乎两类，一类是直接成本，一类是间接成本。挂牌成本、税收补交，这些叫直接成本。企业要腾出一段时间对接券商等，这些时间成本就是间接成本。现在在新三板买一个壳需要2000万元，很多企业花200多万就能挂牌上市。笔者个人观点认为，挂牌成本和收益相比起来，成本可以忽略不计。

新三板对于其他市场主体的重要意义

根据《全国中小企业股份转让系统手册》、益盟财经与《上海证券报》等多家媒体与机构的报道，新三板也给投资者、证券公司等其他市场主体或参与者带来新的投资机会和发展机遇。

为投资者带来新的投资机会

作为新兴的资本市场，新三板为投资者带来众多新的投资机会，包括：（1）挂牌公司中具有较强创新实力和较大成长空间的企业占比高，可以为投资者带来长期而稳定的投资机会；（2）挂牌公司行业分布广泛，投资者可以据此在行业层面进一步优化投资组合；（3）挂牌公司并购重组较为活跃，投资者可以获得高溢价退出或公司事件性利好带来的投资机会；（4）市场分层管理及不同层次市场间估值水平差异带来的投资机会；（5）挂牌公司申请 IPO 或转板上市带来的投资溢价机会。

当前，个人投资者参与新三板投资有两个途径：一是直接投资，二是购买金融机构发售的相关产品。个人投资者投资新三板很简单，已经开了 A 股股票账户的投资者，只需前往营业部申请开通新三板挂牌公司股票买卖的权限就可以了。新三板的财富效应显然与创业板的财富效应紧密相连。在一定程度上，创业板与新三板的市场定位都属于高新技术板。创业板是股票经过公开发行并上市了,而新三板公司尚未公开发行股票,只是在全国中小企业股份转让系统挂牌交易。所以,对于新三板公司来说,登陆创业板(也有可能是登陆中小板)将会是它们的梦想。

对于那些拥有新三板公司股份的投资者来说,创业板毫无疑问是他们的"创富板"。新三板公司能成功登陆创业板,将会实现他们的发财梦,毕竟创业板目前已成为亿万富翁的生产基地。在现实中,已经有新三板公司股份的投资者成功地将这种梦想变成了现实。如成功转板的新三板第一股世纪瑞尔,该股票 2009 年在代办转让系统(即三板)的交易均价为 7 元 / 股,而登陆创业板的发行价就达到了 32.99 元 / 股,上市首日的收盘价达到了 59.40 元 / 股,在新三板买入该股票的投资者获得了很大利润。机构方面发放的针对新三板的产品,也可在一定程度上解决中小投资者无法直接投资新三板的难题。例如,新三板方面已经表态,希望能够让公募基金发行跨市场或是针对新三板的产品。通过这种方式,普通投资者便可以在突破 500 万高门槛的同时,规避个人投资新三板公司所带来的风险。

为证券公司带来新的发展机遇

新三板在推动证券公司回归投资银行本质,成为企业全方位解决方案提供商等方面发挥着重要作用。证券公司可通过全业务链整合,释放金融创新活力,并在此过程中实现转型升级和差异化发展。

相对于普通投资者而言,券商的优势是能够较早接触和筛选新三板优质项目,同时依托券商对新三板市场的长期跟踪而形成的专业判断,挖掘已挂牌优质企业的投资机会。由于新三板投资估值的研究门槛较高,普通投资者往往缺少这方面的能力。另外,新三板信息披露要求不如 A 股市场严格,投资者单纯依靠公开市场信息难以进行估值研判，而券商无疑在这方面有更为专业的能力。

券商作为新三板市场各类金融服务的提供者，只有在市场成交量放大及活跃度提升的前提下，才能真正获益。从目前及未来券商可以在场外市场从事的业务看，短期之内，券商通过从事挂牌、股票交易及做市业务，投行及佣金收入可达10%，其中西南、海通、广发、华泰、中信等券商最受益；长期来说，随着场外市场交投的进一步活跃，各类股权及债权衍生品交易将极大地改变券商资产及利润结构。

不同于上市保荐业务模式及盈利模式，单纯的推荐挂牌通道业务回报率较低，证券公司需要从企业长远发展及持续增值服务业务中赚取回报。这就要求证券公司必须以发展及营销的眼光，站在投资者的立场去遴选真正有发展潜力的企业。同时通过系统、深入的研究，发掘企业亮点，调动潜在战略投资者及证券公司内外部高净值客户参与挂牌公司经营活动的积极性，帮助企业获得长远发展，即证券公司必须充分整合通道业务、研究业务、自营业务、经济业务等多个业务条线资源，推出全业务链发展模式，积极承担持续督导职责，参与挂牌公司发行融资、并购重组、做市转让等业务。这个过程，要求证券公司提供后续的资源跟进与支持，进行全方位的业务协作，对证券公司的研究、定价和销售能力提出了全新的挑战，并使得证券公司摆脱同质化竞争，走向不同的专业化定位。

与此同时，证券公司自身也可申请在新三板挂牌，利用市场平台力量，进一步提升规范治理水平，通过发行融资、并购重组等实现稳步扩张。

第四章

新三板的投资与资本运作

随着做市商制度推行,我国的资本市场将迎来更好的发展机遇。新三板作为我国多层次资本市场的重要组成部分,在中国经济转型和创新驱动的背景下,将展现出不可替代的战略价值,其发展前景值得期待。

投资新三板的财富空间

政策红利

目前的新三板,已经借助政策红利在短时期内实现了很大的发展。未来可以预见的政策红利如下:

(1)创新层推出后,竞价交易机制将会推出。根据新三板交易制度,其中明确提到了竞价交易方式,但是截至目前尚未推出。

(2)转板制度的推出。2015年两会期间,证监会主席肖钢已明确提出年内将进行新三板转板试点,也就是说在新三板挂牌一定时间后,可以转入主板、中小板或创业板。一旦转板绿色通道推出,必然引起新三板的新一轮上涨。

(3)降低投资者门槛。一旦降低投资者门槛的消息落地,将带来新一轮的新三板股票普涨,尤其是交易最活跃的做市交易股票。

(4)分层制度的推出。新三板如果要做中国的纳斯达克,还有很长的路要走。纳斯达克成立于1971年,经过40多年才成为全球最大的交易市场,其最大的特点之一就是分层制度,即不同活跃度、不同盈利能力的企业被分成了三个层。全国中小企业股份转让系统有限责任公司也说过无数次,将要推出分层制度,这势必会带来新三板市场的新一轮上涨。

(5)将有更多主体成为做市商。根据证监会《关于证券经营机构参与全国中小企业股份转让系统相关业务有关问题的通知》，实缴注册资本 1 亿元以上，财务状况稳健，且具有与开展做市业务相适应的人员、制度和信息系统的基金管理公司子公司、期货公司子公司、证券投资咨询机构、私募基金管理机构等机构经证监会备案后，也将可以在全国中小企业股份转让系统开展做市业务。虽然规定是这样，但是目前，只审批同意券商作为做市商，而 2015 年，很多金融机构都会成为做市商。那就意味着更多的做市商出现，并参与做市，必然提升市场交易的活跃度，从而进一步促进交投的活跃。

2015 年 6 月 19 日，证监会新闻发言人邓舸在例行发布会上表示：拟协调新三板完善做市转让业务规则，引入非券商机构参与做市业务，优化协议转让管理方式，提高交易规范程度，推进市场分层，实现差异化管理。融资制度方面，证监会将推动新三板适时推出优先股、公司债券和证券公司股票质押式回购业务等融资工具，拟定资产证券化业务规则，进一步拓宽挂牌公司融资渠道，完善市场功能。

根据前瞻网的消息，2015 年 6 月 13 日，全国中小企业股份转让系统有限责任公司副总经理隋强详细解读了新三板市场建设的政策制度等多个热点问题。隋强从新三板总体情况、市场监管等五个方面介绍了新三板市场发展态势。新三板是我国证券市场的新兵，是我国资本市场改革创新的产物。新三板的创新只会加快不会停止，坚持改革创新的主基调不会改变。市场分层是新三板 2015 年改革创新的重头戏，分层工作 2015 年会陆续实施，将按照需求引导渐进分层的思路，研究确定股转系统内部的分层工作。与分层相对应的，在市场体系建设的完善过程中将建立常态化的市场退出机制，包括完善市场挂牌公司的主动摘牌和强制摘牌制度，保障市场有序进退、健康流动和有序发展。市场的包容性决定了新三板挂牌企业数量多、规模大、行业分布广，同时也存在静态差异大、动态发展快的特点。面对不断增长的市场规模和日益多元的风险管理需求，全国中小企业股份转让系统2015年确定了推进市场体系创新、完善市场层次结构的改革创新任务。

（6）降低准入门槛。2013年年底，新三板发布了14项配套业务制度，规定个人投资者投资新三板的门槛将由原先的300万元提高至500万元。新三板对自然人投资者的要求是，本人名下前一交易日日终证券类资产市值500万元人民币以上；且具有2年以上证券投资经验，或具有会计、金融、投资、财经等相关专业背景或培训经历。当前较高的投资门槛，使得个人投资者很难真正参与新三板带来的财富浪潮之中。2014年，新三板市场迎来了大扩容的一年。截至当年10月底，新三板挂牌公司数量剧增，但在挂牌公司大扩容的同时，如何活跃新三板市场也成了管理层需要直面的问题。也正因如此，新三板市场于2014年8月引入了做市商制度，同时又准备在新三板推出竞价交易。即便如此，如果不能有效地为新三板市场引进大量新的投资者，那么新三板市场的活跃仍然只是纸上谈兵。因此，降低个人投资者的准入门槛就成了新三板市场理所当然的选择。

政策推进力度是新三板快速增长的最大原动力。新的业务规则在交易制度、挂牌要求、机构参与条件和投资者准入上实现了重大突破；各高新园区对新三板挂牌企业的补贴力度极大地调动了企业挂牌积极性；随着扩容方案及相关配套细则的公布，新三板将迎来新的投资机遇。

收益来源与财富空间

新三板的巨大收益来源于价值链的市盈率差，从未挂牌到挂牌，从挂牌到做市或转让、退出之间都存在市盈率差，如果有希望转板，市盈率差就更大。截至 2015 年 7 月，新三板平均市盈率值约在 37 倍，而创业板的 PE 值普遍在 60～70 倍，估值相对便宜，存在巨大的价值提升空间。

对个人投资者而言，新三板的资金门槛极高，大多数个人投资者将与新三板无缘；但对机构投资者而言门槛并不高，故个人投资者可以通过机构间接投资新三板。

根据中融信托创新研发部的分析，在新三板流动性提升、流入资金量增加、估值水平提升的预期下，信托将迎来如下业务机会：

（1）新三板将给 PE/VC 业务带来发展机遇期，信托可加大此领域的布局力度。在新三板流动性向好的背景下，之前参股公司的 PE/VC 机构的退出渠道将会得到拓宽，可以通过协议转让、做市或即将推出的竞价交易退出。此外，上市公司目前也看到了新三板这一片蓝海，加大对其的并购力度，以求在产业链的横向或纵向进行延伸。从 2014 年新三板已公布方案的 7 家公司来看，并购退出的平均收益在 500% 以上，考虑到方案公告后收购方股价提升，退出平均收益可达 832%。

（2）新三板定向增发收益较高，信托可积极参与。截至 2015 年 5 月，共有 612 家企业进行了定向增发，共募集资金约 170 亿元，从最新收盘价来看，参与定向增发的平均收益率达到了 186%。此外，按照最新收盘价计算，2014 年共有 24 家企业收益率超过 500%，2015 年共有 14 家企业收益率超过 500%。由于新三板定向增发是介于一级和二级市场之间的一种投资模式，券商、私募和信托几乎处在同一起跑线，非常适合信托适时介入。

（3）新三板上有大量稀缺行业或新商业模式的公司，信托可在二级市场直接买入。新三板有一些主板、中小板和创业板没有的行业及新商业模式的挂牌公司，如私募股权行业的九鼎投资和中科招商，智慧城市的安泰股份，石墨烯行业的第六元素，以及家政行业的木兰花等。将来，随着新三板相关制度逐渐完善，这些公司将会得到更多投资者的青睐，估值将会得到一定提升。此外，由于这些公司大多属于新兴行业，未来业绩具有很强的增长预期。由于信托在主动管理能力方面相对不足，初期可以引入投资顾问或成立相应的新三板团队。

新三板的资本运作机遇

关键因素

新三板市场进行资本运作的关键是要有优质的项目，而好项目的来源有四种：券商；第三方平台的路演与比赛等形式产生的优质项目，如"你就是奇迹"商业项目评选大赛；园区，如安徽芜湖、辽宁大连的高新创业园区；教育、培训、咨询等中间机构与院校机构，协会、银行、政府等帮助新三板资本市场上市和资本管理的品牌机构。

大量好的、优质的项目集中在券商手中，券商也随着新三板市场的迅猛发展与业务量的增多，相继成立了有关新三板项目的专门负责部门，如"场外市场部""三板部"等。有关新三板上市各方面的消息，特别是第一手的信息，其拥有者往往不是投资机构，而是掌握优势项目的券商。

随着做市交易的正式上线，券商的新三板业务更加丰富化、集成化、一体化，不再仅仅是推荐、挂牌，而是转变为推介、做市、投融资等各项服务的综合体。有挂牌需求的企业，上市挂牌后需要进一步发展，需要做市、定增等的企业，都会找相应的券商运作或合作，资本投资机构也会从券商这里寻找优质的投资项目。

平台能够推出很多优质项目，因此也成为投资机构关注与追逐的重要领域。如 2014 年度的"你就是奇迹"创新创业大赛，通过全球 15 个赛区征集与评选了 1843 个项目，2015 年年底的《你就是奇迹》电视节目以此次大赛的真实创业节目为主体，通过 100 名创业导师、50 多家投资机构、10 多名明星投资者的共同评判，甄选出优质项目，分享亿元创投基金。类似的平台，为中小企业的创新创业服务；为资本投资引荐优质项目，也逐渐成为未来新三板投资机构追逐优质项目的重要来源与关键因素之一。

各地的高新园区、创业园区也是新三板企业与优质项目的重要来源。新三板最初的试点是在中关村科学园区进行，并辅以各种政策红利，进行孵化与培养，后来逐渐扩大试点到武汉的东湖高新技术区、上海的张江区和天津的高新技术区。现在全国大部分地区都有相关的高新园区、创业园区或产业园区，或多或少也都会给中小企业、创新企业、科技企业一定的政策补贴与红利，促进其孵化与成长。如安徽芜湖高新区新三板挂牌企业逐渐增多；从大连产业园区走出的许多家企业，也都在大连市高新技术创业服务中心的帮助与指导下，完成股改后成功挂牌新三板。可以说，园区从最初发展到现在，一直都是新三板企业与优质项目的来源与孵化平台。

教育、培训、咨询等中间机构与院校机构加大合作，高等学校经济管理、金融等相关院系，针对企业家、在职人员等开设与新三板相关的课程，对其进行前期的教育、培训与指导，很多商业机构参与其中。这些教育与培训机构将其服务延展，逐渐提供新三板上市、企业管理与发展的咨询及指导服务。诸如新三板私董会等，为新三板资本市场上市和资本管理提供服务的品牌机构，开始涌现。这样的机构也是助力新三板企业与优质项目孵化与发展的关键因素。

特殊现状与分化效应

新三板的特殊现状之一是由于挂牌企业不断增加，券商队伍不够，部门与人员也短缺。如前所述，现在产生了券商纷纷把新三板市场做市业务和挂牌业务作为重要业务的现象，券商把其作为线上重要业务来进行对单，形成战略性业务，不断增加资源投入与转型调整。券商作为企业在新三板挂牌上市的辅导机构，大致需要6~8个月的时间评估企业的真实价值，在企业上市之后仍对其进行终生督导，指导与规范新三板上市企业的相关业务。

新三板的特殊现状之二就是新三板市场剧烈分化，少数优质企业拿到大量投资，投资机构排队，上市企业也排队。参与做市的企业，都是券商筛选过一轮的企业，也就是新三板之中最优秀的企业。

做市交易需要做市商用自有资金购买一部分企业的股票。做市商先从企业买一部分股票，之后再开始向买卖双方报价。通常的做法是：假设做市商买了企业100万股，它会拿出来1000股做市，不停地用1000股向买卖双方报价，只要有人买，就提高价格继续报价（一次涨幅最多5%）。通过多次拿1000股报价，导致价格不断上涨，从而使做市商自己手中剩下的大多数没有卖出去的股票价值剧增，从而赚取利润。因此，从做市商的交易来看，做市商在答应为企业做市前，是需要亲自去企业进行考察，了解清楚企业确实优秀、有前途，才会同意为它做市的。道理很简单，如果企业运营不行，那么做市商用自有资金买的企业股票卖不出去，自己就会受到损失。而做市商一旦成为企业的做市商，就会一直给企业做市，除了赚取刚开始价格上扬过程中的收益外，还会随着交易量的扩大，赚取5%的买卖价差收益。因此，做市商是有动力为好企业做市，并长期服务好企业的。好企业未来交易非常活跃的时候，做市商能赚取更大的收益。

未来重大机遇

从目前新三板的飞速发展与政策导向来看，新三板投资者门槛将会降低，公募基金也会导入，投资机会及投资空间增多。"证券类资产市值500万元人民币以上"这一条规定将很多对新三板感兴趣的个人投资者拒之门外，而新三板机构投资者的门槛也是500万，个人投资者等同于机构投资者的准入标准，新三板门槛之高一目了然。新三板因此也被市场称为"最嫌贫爱富"的板块。

一个融资市场，只有需求方，而缺少供给方，市场在资源配置中起不了决定性的作用，那么这个市场一定不是市场化的，一定是无效率的。既然无效率，那么价值发现在这里只是一种假想。监管部门制定500万元的高投资门槛，出发点是考虑投资者的风险承受能力。但是我国的资本市场发展二十多年，市场中具有风险意识和风险控制能力的投资者不在少数，况且在培育合格投资者的考虑下，需要给予普通投资者以市场的洗礼。

首先，新三板降低门槛，不仅能使投资参与者增多，促使新三板活跃度增加，也可以培育合格投资者。合格投资者具有一定的风险识别和风险承担能力，在一个供给充分的市场上，通过投资者的自主决策，真正实现资本市场的价值发现和服务功能。

其次是分层管理。新三板市场流动性不足，除了要降低投资者门槛外，应结合市场分层进行差异化安排，采取引入公募基金、提升主办券商定价和撮合能力等多方面的举措，让投融资对接更顺畅，进一步扮演好中小微公司成长助推器的角色。由于新三板市场挂牌公司很多处于成长期，风险较大，因而降低投资者门槛幅度要拿捏得当，应与市场分层相结合。大幅降低投资者门槛让大量中小投资者入场，也会给市场长远稳定发展埋下隐患。可行做法是在合理分层后，针对不同风险特征的层次设定差异化门槛。

随着新三板挂牌企业的快速增加，需要考虑建立与企业和市场风险相匹配的、与美国纳斯达克市场相类似的分层及相关配套制度。在规模较小、企业经营风险较大的创新创业型的挂牌企业板块中，仍然实施严格的、高门槛的合格投资者等制度；而在规模较大、生产经营较为稳定的优质企业板块上，则考虑降低合格投资者门槛，增强流动性。随着挂牌企业数量增多和多层次资本市场格局的建立，再适当借鉴美国纳斯达克市场企业持续上市资格监管以及"升板自愿、降板强制"等经验做法，加快探索建立一整套与中国资本市场的市场化改革进程以及挂牌企业发展相适应的转板及退出机制。

最后是竞价交易。随着选择做市企业数量增加，新三板将择机推出竞价交易方式，预期市场流动性将进一步改善。2014年出台的股票发行规则在现行的《公司法》上未有任何障碍，同时，对市场准入环节"注册制"的探索，也将为我国资本市场注册制改革提供参考。

从交易角度看，从非公开交易市场转变为公开交易市场。随着竞价交易方式的推出，可以预期，市场流动性将进一步改善，公开交易市场的特点将更明显。

从发行角度看，私募与公募兼容并存。2014年股票发行规则已经出台，规定发行人可以面向不特定对象发行，采取路演、询价方式，人数上可以超过200人，这使得股票发行更加具有了公开的性质。此外，新三板市场的存在使得《公司法》规定的以募集设立方式实现股票的公开发行，在现行法律上已经没有障碍。

对挂牌公司而言，竞价交易将促进挂牌企业，特别是创新、创业、成长型企业估值定价体系的形成，通过做市转让，企业能进一步分散股权，提升公众化程度，增强市场流动性，畅通投融资渠道。对市场整体而言，竞价交易有利于全国中小企业股份转让系统完善市场化运行体系，理顺业务逻辑，提升市场的深度和广度，增强市场运行的稳定性。

新三板各级市场的运作

股票发行

根据全国中小企业股份转让系统手册可知，挂牌公司股票发行有核准制和备案制两种管理方式。具体适用何种管理方式，取决于挂牌公司股东人数是否超过 200 人。股东人数超过 200 人的挂牌公司发行股票，或者发行股票后股东人数累计超过 200 人的，在发行前应向中国证监会申请核准；发行后股东人数累计不超过 200 人的，仅在发行后向全国中小企业股份转让系统有限责任公司备案。

股票发行的自律规则体系包括 1 个细则、4 个指引和 1 个指南。其中《全国中小企业股份转让系统股票发行业务细则（试行）》是挂牌公司股票发行的基本业务规则。《全国中小企业股份转让系统股票发行业务指引》第 1 号至第 4 号，分别规定了股票发行的备案文件、股票发行方案，以及发行情况报告书、主办券商关于股票发行合法合规性意见和法律意见书等文件的内容与格式。《全国中小企业股份转让系统股票发行业务指南》规定了股票发行业务的办理流程。

上述业务规则服务于中小微企业"小额、便捷、灵活、多元"的融资特点，主要体现在以下几个方面：

（1）发行要求。挂牌公司可以在挂牌同时发行，也可以在挂牌后发行。对股票发行不设财务指标，没有强制时间间隔，也不限融资规模。

（2）限售安排。新增股份不强制限售。

（3）信息披露。不强制披露募投项目的可行性分析、盈利预测等信息。

（4）发行定价。实行市场化定价，可以与特定对象协商谈判，也可以进行路演、询价。

（5）审查方式。以事后备案的形式审查，十分便捷。正常情况下，出具备案函的时间在 10 个转让日左右。

股票发行对象包括：（1）公司股东；（2）公司的董事、监事、高级管理人员、核心员工；（3）符合投资者适当性管理规定的自然人投资者、法人投资者及其他经济组织。公司确定发行对象时，除原股东外的新增股东合计不得超过35名。

核心员工的认定，应当由公司董事会提名，并向全体员工公示和征求意见，由监事会发表明确意见后，经股东大会审议批准。

发行对象可以用现金或者非现金资产认购所发行股票。其中，非现金资产为股权资产的，应经具有证券、期货等相关业务资格的会计师事务所审计。非现金资产为非股权资产的，应当经具有证券、期货等相关业务资格的资产评估机构评估。

主办券商除了协助挂牌公司办理股票发行的各项业务流程外，更重要的是以销售为核心，在路演询价、估值定价和投资者选择等方面为挂牌公司提供更专业的服务。

股票发行的收费，完全由主办券商与挂牌公司之间协商确定，新三板没有指导性意见。新三板鼓励主办券商在路演询价等方面发挥专业优势，协助挂牌公司更好地向投资者销售股票，实现融资目的，从而获得合理报酬，不断优化市场生态环境。

目前，挂牌公司的股票发行方案、主办券商合法合规意见、律师事务所的法律意见书和发行情况报告书，均已在网上公开披露，可根据需要在全国中小企业股份转让系统官网（www.neeq.com.cn或www.neeq.cc"信息披露"栏目）查阅。

2014年以来，出现了一些有特色的股票发行案例，例如：

（1）股票发行对象不确定。挂牌公司均信担保和新锐英诚在发行方案中确定了发行价格，但部分发行对象尚不确定。公司主要通过洽谈协商的方式，寻找合适的外部投资者。

（2）股权资产认购实现"换股"收购。挂牌公司了望股份通过发行股票，购买一家同行业公司 99% 的股权，从而实现了换股收购。

（3）以股权资产和现金混合认购。挂牌公司同辉佳视和科胜石油向公司股东发行股票，收购股东所持有的其他公司股权，同时募集部分现金。

2015 年 5 月 29 日，股转系统发布《挂牌公司股票发行审查要点》《挂牌公司股票发行文件模板》《挂牌公司股票发行常见问题解答——股份支付》和《挂牌公司股票发行备案材料审查进度表》等文件，这被券商统称为"定向增发指引"。实际上，在全国中小企业股份转让系统扩容之后，定向增发与做市商便成了新三板的双向引擎，做市商侧重的是二级市场，而定向增发侧重的则是一级市场。

协议转让

协议转让，通俗地讲，就是 A 方想买 B 公司股票，A 方首先报价，B 公司股东看到 A 方报价，觉得合适就私下联系，双方协商完成交易。

协议转让包括意向委托、定价委托、成交确认委托三种委托类型。需要注意的是，目前新三板交易平台仅支持定价委托、成交确认委托，意向委托将在后续相关技术开发完成后实施。

协议转让主要有三种成交方式。一是点击成交方式，即投资者根据行情系统上已有的定价申报信息，提交确认申报，与指定的定价申报成交；二是互报成交确认申报，即投资者通过其主办券商、全国中小企业股份转让系统指定信息披露平台等途径，寻找欲转让的交易对手方。双方协商好交易要素和约定号，然后均通过全国中小企业股份转让系统提交约定号一致的成交确认申报，全国中小企业股份转让系统对符合规定的申报予以确认成交；三是投资者愿意以一定价格转让一定数量股份，提交定价申报。除了盘中会与成交确认申报成交外，在每个转让日 15：00 收盘时，全国中小企业股份转让系统对价格相同、买卖方向相反的定价申报进行自动匹配成交。

由于协议转让的交易价格是买卖双方私下协商达成的，就很容易产生交易价格与实际价值的偏离，这也就是所谓的"对倒交易"。

做市制度

做市交易是指转让日内，做市商连续报出其做市证券的买价和卖价，若投资者的限价申报满足成交条件，则做市商在其报价数量范围内按其报价履行与投资者的成交义务。

做市转让方式下，投资者只可进行限价委托。限价委托是指投资者委托主办券商按其限定的价格买卖股票的指令，主办券商必须按限定的价格或低于限定的价格申报买入股票；按限定的价格或高于限定的价格申报卖出股票。

挂牌公司选择做市转让方式，需要有做市商愿意为其提供做市服务。一旦有做市商愿意为其提供做市服务，首先表明了该做市商对挂牌公司的认可，会树立挂牌公司比较好的市场形象；其次，相比于协议转让，做市转让的股票通常流动性会有较大幅度的提升，可增加其市场吸引力；最后，随着股票流动性的提升，股票的定价会更为合理，更有利于挂牌公司后续推进发行融资、并购重组等事宜。

《全国中小企业股份转让系统做市商做市业务管理规定（试行）》对做

市商的范围进行了明确。做市商是指经全国中小企业股份转让系统有限责任公司统一在全国中小企业股份转让系统发布买卖双向报价，并在其报价数量范围内按其报价履行与投资者成交义务的证券公司或其他机构。

做市商的权利

根据管理规定与清科研究中心的报告整理，可以了解到做市商的权利有：

（1）做市商优先获取相关做市信息。包括：其做市股票实时最优 10 个档位限价申报价格和数量等信息；该股票其他做市商的实时最优 10 笔买入和卖出做市申报价格和数量等信息。每个转让日 9：15 开始，全国中小企业股份转让系统向做市商发送上述信息。

（2）做市商实行 T+0 交易。做市商买入做市股票，买入当日可以卖出。此外，每个转让日 15：00 转让时间结束后，还有 30 分钟的做市商间转让时间，但该时间段内做市商买入的股票，买入当日不得卖出。

做市商做市的初始库存股票可以通过以下几种方式取得：（1）股东在挂牌前转让；（2）股票发行；（3）在全国中小企业股份转让系统买入；（4）其他合法的方式。

做市商在合理控制库存的情况下，主要通过买卖价差实现盈利，即低价买入投资者的证券，再卖给市场上的买家，其价差即为做市商的主要盈利来源。当然，如果库存控制不合理，且在单边市的情况下，做市商也可能出现亏损。此外，做市商还可以在持有挂牌公司股票的过程中，获得股票升值带来的资本利得和股息红利回报等。

做市商的义务

（1）每个转让日内，做市商应持续发布双向报价，在报价价位和数量范围内履行做市成交义务。最迟应于上午 9: 30 发布双向报价，双向报价时间应不少于每个转让日做市转让撮合时间的 75%。

（2）做市报价价差区间为 0 ~ 5%。同次报价的卖出与买入价格之差应大于零且不超过卖出价格的 5%。

（3）做市商前次做市申报撤销，或其申报数量经成交后不足 1000 股的，做市商应于 5 分钟内重新报价。

做市商可以中途加入和退出做市，但需要满足一些条件。挂牌时采取做市转让方式的股票，后续加入的做市商须在该股票挂牌满 3 个月后方可为其提供做市报价服务。后续加入的做市商应向全国中小企业股份转让系统有限责任公司提出申请。

挂牌时采取做市转让方式的股票和由其他转让方式变更为做市转让方式的，其初始做市商为股票做市不满 6 个月的，不得退出为该股票做市；后续加入的做市商为股票做市不满 3 个月的，不得退出为该股票做市。做市商退出做市的，应当事前提出申请并经全国中小企业股份转让系统有限责任公司同意。做市商退出做市后，1 个月内不得申请再次为该股票做市。

做市商的管理

根据《全国中小企业股份转让系统做市商做市业务管理规定（试行）》与《2015 年新三板投资与发展研究报告》，有关做市商的管理规定与办法有：

（1）做市商证券账户及交易单元管理。在中国结算开立做市专用证券账户；退出或终止为挂牌公司股票做市，应将库存股票转出做市专用证券账户；做市商证券自营账户不得持有其做市的股票或参与做市股票的买卖；做市商开展做市业务应使用专用交易单元。

（2）做市商库存股票管理。挂牌时即选择做市转让方式的股票，初始做市商合计应取得不低于总股本的5%或低于100万股（以最低为准）；每家做市商有不低于10万股的做市库存股票。

（3）做市商豁免情况。为了使做市商能够获得一定的时间来调整库存股票，继续履行双向报价的义务，给予做市商在一定情形下的双向报价豁免权利。当做市商库存股不足1000股时，可豁免卖出报价；做市商库存股达到做市股票总股本的20%时，可豁免买入报价。豁免时间为两个转让日。

此外，为保护投资者利益，全国中小企业股份转让系统有限责任公司将对做市商的报价、库存股管理等行为进行实时监控与动态监管，并对可能出现的做市商违规报价、串通报价、利益输送、内幕交易等情形进行重点监察。

《全国中小企业股份转让系统做市商做市业务管理规定（试行）》对于做市商有可能滥用信息优势和资金优势侵害投资者利益的行为进行了约束，包括：

（1）禁止做市商利用内幕信息进行投资决策和交易等活动；禁止其利用信息优势和资金优势，单独或者通过合谋，以串通报价或相互买卖等方式制造异常价格波动。

（2）做市商业务隔离制度，即做市商确保做市业务与推荐业务、证券投资咨询、证券自营、证券经纪、证券资产管理等业务在机构、人员、信息、账户、资金上的严格分离，有效防范可能产生的利益冲突与利益输送。

（3）内部报告与留痕制度。做市商应当明确业务运作、风险监控、合规管理及其他相关信息的报告路径和反馈机制；建立强制留痕制度，确保做市业务各项操作事后可查证。

（4）要求做市业务人员具备良好的诚信记录和职业操守。

集合竞价制度

所谓集合竞价就是在当天还没有成交价的时候，欲要入市的投资者可根据前一天的收盘价和对当日股市的预测来输入股票价格，而在这段时间里输入计算机主机的所有价格都是平等的，不需要按照时间优先和价格优先的原则交易，而是按最大成交量的原则来定出股票的价位，这个价位就被称为集合竞价的价位，而这个过程就被称为集合竞价。

据《上海证券报》2015年4月17日的报道，全国中小企业股份转让系统有限责任公司业务部高级经理殷浩在某研讨上表示，新三板竞价交易一定会推出来，目前正在进行技术开发、相关配套规则制定工作，将根据市场发展情况在适当时候推出来。根据新华网2015年4月30日对全国中小企业股份转让系统有限责任公司总经理谢庚的采访，竞价交易作为市场竞争的基本制度安排，已有相应的基础制度构建和相应的技术准备，会依市场条件的成熟情况研判推出时机，但无论是从单一公司的股权分散度来讲，还是从具备股权分散条件的公司总量来讲，当前新三板市场都不具备竞价交易的要求。所以，集合竞价制度的推出是未来新三板市场发展的大趋势，相应的管理与参与机构已经或者正在做相关的技术准备、制度准备、心理准备等工作，只是仍需时日，亟待市场的规范完善与发展的趋势需求。

按照全国中小企业股份转让系统相关规定，为完善市场定价功能，改善市场流动性，新的交易制度并行实施做市、协议和竞价三种转让方式，挂牌公司只要符合相应条件，就可以在三种转让方式中任选其一作为其股票的转让方式。

新三板的套利空间与转板问题

套利是一个博弈过程。新三板股票不设涨跌幅，波动性大，所以套利空间大。而且新三板上市公司大多处于新兴行业，顺应经济转型方向，多数营收体量较小、业绩成长性较高，但由于流动性差、风险偏高，导致新三板公司与创业板公司等相比，估值折价明显，存在估值套利空间。所以，新三板公司能够转板、竞价交易或者被其他上市公司并购，都有利于实现套利。

2014年新三板企业的平均市盈率为35.27倍，仅相当于创业板72.45倍的一半，也落后于中小板（44.02）；但是新三板企业平均成长性为65%，大大高于创业板（24%）和中小板（12%）。也就是说新三板企业目前估值普遍偏低，而成长性很高，具有很好的发展前景。

新三板投资运作的整个趋势会推动中国股权投资市场发展。资本不会雪中送炭，只会锦上添花，具有逐利、分化和筛选功能。

至于转板的问题，与新三板距离最近的是创业板，但是处于塔尖的企业不一定也没必要转板，例如新三板的龙头企业九鼎投资就没有转板。新三板与主板、中小板、创业板属于不同的跑道，较差的企业也很难转板。因此，脚踏实地利用好新三板市场的各项功能与利好，一心一意发展企业，发展壮大达到转板条件时，可根据企业的具体需要，再决定是否IPO。

在大多数情况下，企业发展到一定阶段，进入主板、中小板、创业板仍然是一个相对较好的选择。因为好处有很多，如转板之后股票流通性更强，股东的股票会大幅度地升值，企业也会在转板上市的过程之中获得高额乃至巨额的融资，实现更大的发展与扩张。

新三板市场的并购

当公司发展至一定规模后,增长动力减缓,企业成长遭遇瓶颈,而此时,并购将成为企业外延拓展的最佳选择。新三板挂牌公司中多数公司属于初创类企业,其商业模式和发展环境具有较大优势。在政策方面,《非上市公众公司收购管理办法》《非上市公众公司重大资产重组管理办法》和《并购重组私募债券试点办法》等相关政策的实施,为新三板企业并购提供了良好的基础。新三板挂牌公司中比例较大的 VC/PE 机构股东也对企业并购起到了催化作用。

市场资金越来越多地关注低廉价格、有高成长性的新三板公司,这些公司正成为并购市场的热门目标。根据投资中国研究院的报告预计,未来新三板市场的并购速度与规模将快速增长。新三板作为中小型企业的挂牌交易平台,完全具备主板后备库的资质。此前企业往往需要耗费大量的时间及精力去发掘可供并购的标的企业,而新三板的发展为企业提供了优质的标的资源。整个 2014 年,从交易规模来看,并购金额最大的案例是大智慧(601519)90 亿元收购湘财证券。在已公布并购金额的案例中,屹通信息、铂亚信息、易事达三家企业的并购金额均超过 4 亿元。被收购的标的企业普遍具有核心技术或资源,如铂亚信息在人脸识别领域拥有多项关键技术,阿姆斯拥有微生物菌剂培养核心技术,新冠亿碳在气体发电领域深耕细作,易事达在 LED 高清显示屏方面优势明显。8 家被并购新三板企业,涉及金额逾百亿元。新三板俨然成为上市公司的收购标的池。在 9 家被上市公司收购的企业中,除湘财证券外,其余 6 家均集中在信息技术行业。

新三板企业除了作为优质的被并购资源而备受瞩目以外,挂牌公司也在积极加入到并购大军中来。自 2014 年以来，已有部分新三板公司通过定向增发进行并购重组。投资中国研究院认为，未来由于并购市场的火热，通过定向增发方式筹集资金进行并购的案例会越来越多。

促成新三板并购热潮的关键因素有以下几点：首先，自 2014 年以来，国家从政策方面进行了多项金融改革，其中就包括上市公司及非上市公司在并购方面监管放松；其次，许多业务稳定、资质优良的企业陆续登陆新三板，这些公司不少属于具有技术优势和模式创新的公司；最后，部分新三板公司有创投背景，在转板尚未实行、IPO 通道不畅的情况下，创投通过推动并购实现退出或是最佳选择。

新三板市场会促使企业逐渐从利润导向转化为资本导向。总而言之，中国股权投资机构会推动整个资本市场的发展。

新三板形成的并购制度主要有以下特点：

（1）不设行政许可，以信息披露为核心。新三板实行了较为严格的投资者适当性制度，投资者具有较强的风险识别与承受能力。因此，相关并购政策不设行政许可，充分发挥市场约束机制，强化新三板的自律监管职责，给市场和投资者更大的决策范围。

（2）简化披露内容。除要约收购或者收购活动导致第一大股东或实际控制人发生变更的，其他收购只需要披露权益变动报告书，简要披露收购人的基本情况、持股数量和比例、持股性质、权益取得方式等信息，且不区分简式权益变动报告书和详式权益变动报告书。收购报告书和要约收购报告书也大幅减少披露内容，重点强化客观性事实披露，弱化主观性分析信息，较上市公司的相关要求减少超过一半。

（3）加强责任主体的自我约束和市场自律监管。借鉴新股发行制度改革的做法，对于相关责任主体做出公开承诺的，要求同时披露未能履行承诺时的约束措施。新三板对未能履行承诺的，及时采取自律监管措施。

根据《金融时报》记者刘泉江有关新三板中PE/VC的报道，新三板市场在为中小企业提供了全新的、可靠的融资渠道的同时，同时为PE/VC机构提供了新的投资目标。目前，潜伏新三板挂牌企业的私募资金主要分为三种类型：第一类是VC作为天使资金在企业挂牌新三板前的创业早期进驻，第二类是PE/VC投资已有意向挂牌新三板的创业公司，最后一类则是企业挂牌新三板之后投资企业的创投基金。

安联证券在一份关于新三板的研究报告中判断，上市公司并购与同业并购将成为新三板市场发展的两大驱动力。

一方面，很多新三板市场挂牌企业都是A股上市公司的供应商或者有合作关系。作为A股上市公司，针对某一环节的单独投入或者研发并不划算，并购则要省事得多；而不少新三板挂牌公司正是某个产业链一端较强的公司，并购是比较好的选择。由于并购监管审核正在向备案转型，因此主板、中小板、创业板的上市公司都有并购的诉求。此外，新三板挂牌企业相对比较规范，因此这种并购类型将会大量出现。

另一方面，随着新三板市场内企业规模的分化，新三板企业未来将不仅是被并购的对象，还将成为并购的发起者，市场内的流动会变得均衡起来。此种类型的并购案例主要是基于企业规模做大，为未来转板做准备。

在此背景下，私募与上市公司在新三板基础上的双向合作将成为并购的重要形式；并购重组浪潮将促使私募机构探索并购退出、并购基金等新型盈利模式。双方发挥各自优势，实现产业链上下游合并、市场份额的扩张等，其中创投具备丰富的项目资源和产业经验，而上市公司则具备资金优势，且可以在二级市场发行股票、可转债、优先股等募资，该模式将成为国内创投并购短期发展的主流模式。

新三板的加速与规范发展对于 PE/VC 机构的影响并不亚于资本市场的一次重大变革。新三板中的并购将成为常态，也就促使企业和投资机构从产品经营走向资本经营导向。国内并购驱动力在于市场驱动行业分化。在新三板并购重组相关制度与体系的建设下，资本将会越来越规范与具有效率，未来预期新三板将迎来并购重组的新时代。

第五章

跨入新三板,做资本市场的弄潮儿

企业是否优质,是否值得督导?券商首先会对企业价值进行判断,发现企业的价值;控制风险,防止项目损失。价值判断需要考虑的指标包括企业所属的行业、成长性、营业额、盈利能力等。

券商选秀的标准

券商首先会对企业价值进行判断。价值判断的意义就在于：发现企业的价值；控制风险，防止项目损失。价值判断需要考虑的指标包括企业所属的行业、成长性、营业额、盈利能力。而帮助券商做出判断的法律法规与政策依据就是国家产业法规与政策、证券融资法律与法规，以及中国证监会、中国证券业协会的部门规章，最重要的则是券商的立项标准及质量控制标准。

券商选秀的指标体系有三个维度类别：

首先是硬约束类指标。这包括企业的盈利能力指标（指标一）、特殊竞争优势指标（指标二）、管理团队能力指标（指标三）、企业成长性指标（指标四）。

其次是一票否决类指标。这包括企业诚信水平指标（指标五）。

再次是软约束类指标。这包括企业的行业背景（指标六）与法人治理结构（指标七）等方面。

从指标一"企业的盈利能力指标"中可以看到，传统行业的企业要有利润，新兴行业的企业要有成长性。目前新三板对挂牌企业没有盈利要求，但是在实践中，券商往往对企业的盈利有要求。传统行业最好有利润，这样才会有价值。从股票价值角度判断，没有利润的股票很难讲有投资价值。但是对新兴行业而言，例如医药和其他高新技术行业，考虑企业的特性，暂时亏损也不要紧，只要具有好的发展前景与高的成长性就相对好些。

从指标二"特殊竞争优势"可以看出，有竞争力的企业，才是券商青睐的，因为有故事可以讲。特殊竞争优势包括规模优势、人才优势、技术优势、垄断优势、行业准入垄断优势、销售网络优势、基于设备的技术优势、短期内难以被消除且未来仍会进一步巩固与强化的优势等。特殊竞争优势的形成来自于经营实践，且很多已经为企业创造效益。

指标三为优秀的管理团队。这点主要指企业发展战略明晰、合理且为历史所证明，而多元化战略原则上不符合标准；企业管理团队稳定，结构合理，如有职业经理人、外部董事、独立董事等，且能发挥明显作用；企业管理团队集权、授权合理，只能有一个决策核心且其有个人魅力，决策高效。

指标四是企业成长性指标。企业的历史业绩证明其营业收入、营业利润有成长性；在建投资项目可行、合理，且可以支持企业未来几年的成长性；行业基本面的变化导致企业未来几年内有成长性。

指标五为企业无重大违法违规行为、诚信问题。这包括最近几年内未因诚信问题受过监管部门（证监会、银行、税务等）的处罚；最近几年内未因诚信问题受到媒体合理有据的质疑及负面评论；政府、银行、客户、供应商、同行对其诚信水平评价良好；等等。

指标六为行业背景，指行业属于国家鼓励或允许类行业，非宏观调控或产业政策限制的对象。就目前而言，除了房地产企业，其他企业基本上都可以上新三板，但是从总体判断，所在的行业都需求具有一定的成长性。

指标七为法人治理规范，这是软性标准。关联交易、同业竞争、利润分配、信息披露方面能够保障中小股东的利益；股东会、董事会、监事会运作规范，无不良记录，也无股权或控制权之争；内部控制制度健全，决策授权严格，财务政策稳健。这样的企业是券商青睐的企业。这个指标实际上可以通过机构入驻后整改实现。

总而言之，在上述七项指标中综合得分越高的企业，就越容易得到券商的青睐与追逐。

新三板挂牌上市流程

新三板挂牌上市具体流程如图5-1所示。

该流程主要分为以下步骤：

（1）股份制改造。新三板市场主要以非上市股份有限公司为主，尚处于有限责任公司阶段的拟挂牌公司首先需要启动股改程序。根据《证券公司代办股份转让系统中关村科技园区非上市股份有限公司股份报价转让试点办法（暂行）》的要求，拟挂牌公司需成立满2年；为保证公司业绩的连续性，拟挂牌公司应以股改基准日经审计的净资产值整体折股，即由有限公司整体变更为股份公司。

（2）主办券商尽职调查。尽职调查是指主办券商遵循勤勉尽责、诚实信用的原则，通过实地考察等方法，对拟挂牌公司进行调查，有充分理由确信公司符合试点办法规定的挂牌条件以及推荐挂牌备案文件真实、准确、完整的过程。

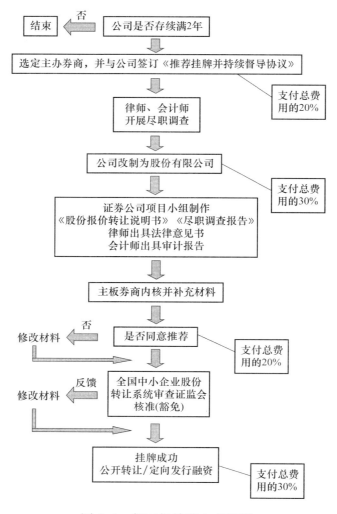

图 5-1 新三板挂牌上市流程

主办券商针对拟挂牌公司设立专门的项目小组，至少包括注册会计师、律师和行业分析师各 1 名，并确定项目小组负责人。项目小组制定项目方案，协调其他中介机构及拟挂牌公司之间的关系，跟进项目进度。资产评估公司、会计师事务所、律师事务所等中介机构完成相应的审计和法律调查工作后，项目小组复核《资产评估报告》《审计报告》《法律意见书》等文件，根据《主办券商尽职调查工作指引》，以财务、法律和行业三个方面为中心，开展对拟挂牌公司内部控制、财务风险、会计政策稳健性、持续经营能力、公司治理和合法合规等事项的尽职调查，发现问题，梳理问题，理顺关系；与拟挂牌公司、中介机构通力合作，彻底解决拟挂牌公司历史上存在的诸如出资瑕疵、关联交易、同业竞争等问题；建立健全公司法人治理结构，规范公司运作，协助公司制定可行的持续发展战略；帮助企业家树立正确的上市和资本运作观念；把握企业的营利模式、市场定位、核心竞争力、可持续增长潜力等亮点，并制作《股份报价转让说明书》《尽职调查报告》及工作底稿等申报材料。

（3）证券公司内核。这是新三板挂牌的重要环节，主办券商内核委员会议审议拟挂牌公司的书面备案文件并决定是否向协会推荐挂牌。主办券商新三板业务内核委员会对前述项目小组完成的《股份报价转让说明书》及《尽职调查报告》等相关备案文件进行审核，出具审核意见，关注项目小组是否已按照《主办券商尽职调查工作指引》的要求对拟推荐公司进行了勤勉尽责的尽职调查；发现拟挂牌公司存在的仍需调查或整改的问题，提出解决思路；同意推荐目标公司挂牌的，向协会出具推荐报告。

（4）报监管机构审核。这是新三板挂牌的决定性阶段，中国证券业协会审查备案文件并做出是否备案的决定。通过内核后，主办券商将备案文件上报至中国证券业协会，协会决定受理的，向其出具受理通知书，自受理之日起50个工作日内，对备案文件进行审查，核查拟挂牌公司是否符合新三板试点办法和挂牌规则等规定，如有异议，可以向主办券商提出书面或口头的反馈意见，由主办券商答复；如无异议，则向主办券商出具备案确认函。协会要求主办券商对备案文件予以补充或修改的，受理文件时间自协会收到主办券商的补充或修改意见的下一个工作日起重新计算。协会对备案文件经多次反馈仍有异议,决定不予备案的,应向主办券商出具书面通知并说明原因。

（5）股份登记和托管。依据要求,投资者持有的拟挂牌公司的股份应当托管在主办券商处,初始登记的股份应托管在主办券商处。推荐主办券商取得协会备案确认函后,辅助拟挂牌公司在挂牌前与中国证券登记结算有限责任公司签订证券登记服务协议,办理全部股份的集中登记。

综观来看,新三板的挂牌速度较快。通常意义上讲,如拟挂牌公司需进行股改的,大约需要2~3个月；主办券商进场尽职调查及内核大约需要1~2个月；全国中小企业股份转让系统审查（包括反馈时间）需要2个月；经协会核准后可以进行股份登记挂牌,全部流程预计需要6~8个月的时间。当然,如果企业自身存在法律或财务等某方面的障碍需要整改的,前述时间会随着整改进度而有所调整。

新三板为满足中小企业成长发展的融资需求而创设,以北京中关村高新技术园区为试点形成了场外资本市场的典范,发展初期以备案制和简便的挂牌流程而引领风骚,随着经验的积累和技术的发展,逐渐在全国其他高新园区乃至全国范围的中小企业大力推广,新三板的制度也在实践中不断完善而趋于成熟。

挂牌审核重点关注的问题

根据全国中小企业股份转让系统手册、全国中小企业股份转让系统网站、

《国务院关于全国中小企业股份转让系统有关问题的决定》、《全国中小企业股份转让系统业务规则（试行）》、《公司法》、金融证券缘周律公众号等多种渠道与相关法律法规，申请在新三板挂牌上市的条件为：

（1）依法设立且存续满 2 年。有限责任公司按原账面净资产值折股整体变更为股份有限公司的，存续时间可以从有限责任公司成立之日起计算；

（2）业务明确，具有持续经营能力；

（3）公司治理机制健全，合法规范经营；

（4）股权明晰，股票发行和转让行为合法合规；

（5）主办券商推荐并持续督导；

（6）全国中小企业股份转让系统有限责任公司要求的其他条件。

2015 年 6 月 29 日，全国中小企业股份转让系统有限责任公司（"新三板"公司）在官网上发布《挂牌审查一般问题内核参考要点（试行）》（以下简称《参考要点》），将挂牌审查的问题内核分九部分详细解读，并进行标准化，明确了挂牌核查和信息披露标准。《参考要点》也就成为新三板挂牌审查重点关注问题最为权威的文件。

《参考要点》将挂牌审查一般问题内核参考要点分为九大部分，分别为：

一、合法合规（包括股东主体适格、出资合法合规、公司设立与变更、股权、控股股东与实际控制人、董监高及核心员工、合法规范经营等方面的规定与解读，其中股东主体适格、出资合法合规中的内容涉及"新三板"上市挂牌条件的内容，而且合法规范经营之中的业务资质、安全生产、质量标准等也与上市挂牌条件有所对应与相关）。

二、公司业务（包括技术与研发、业务情况、资产）。

三、财务与业务匹配性（包括公司收入、成本、毛利率、期间费用、应收账款、存货、现金流量表等，这些也大多都涉及"新三板"上市挂牌条件的内容）。

四、财务规范性（包括内控制度有效性及会计核算基础规范性、税收缴纳等，也都涉及"新三板"上市挂牌条件的内容）。

五、财务指标与会计政策、估计（包括主要财务指标、会计政策及会计估计等）。

六、持续经营能力（包括自我评估、分析意见，如请主办券商结合上述情况论证公司持续经营能力，并就公司是否满足《全国中小企业股份转让系统挂牌条件适用基本标准指引（试行）》中关于持续经营能力的要求发表意见）。这部分公司自我评估，与请相关机构论证与分析，也都涉及"新三板"上市挂牌条件的内容。

七、关联交易（包括关联方、关联交易类型、必要性与公允性、规范制度、关联方资金（资源）占用，其中关联方资金（资源）占用涉及"新三板"上市挂牌条件的内容）。

八、同业竞争。

九、财务、机构、人员、业务、资产的分开情况。

总之，全国中小企业股份转让系统详细规定与明晰了有关公司（企业法人）、券商、会计师事务所、律师事务所等中介机构与关联方的问题审查要点。

在全国中小企业股份转让系统官网关于发布《参考要点》的通知中提到，"对于存在一般问题应落实未落实的情况，全国中小企业股份转让系统有限责任公司将纳入执业质量监管并进行统计公示。各单位要进一步提高内核或质控质量，建立内核或质控部门与我司挂牌业务部的沟通机制，充分发挥内核或质控的作用"。《参考要点》的提出有利于进一步明确"新三板"挂牌审查应该重点关注的问题，以及相应的挂牌审查与信息披露标准，进一步提高了全国中小企业股份转让系统的挂牌审查与运行能力。

以下就《参考要点》中比较重要的四大类问题与核查参考要点，即"合法合规""公司业务""财务规范性""持续经营能力"进行详细分析与解读。

合法合规

这里面包括了"股东主体适格""出资合法合规""公司设立与变更""股权""董事、监事、高级管理人员及核心员工""合法规范经营"等方面的规定与解读，要求主办券商及律师核查每一小类的有关问题与事项并发表相应意见，要求公司就相应未披露事项作补充披露。

股东主体适格，要求主办券商与律师核查如下问题并给出意见：

（1）请核查公司股东是否存在或曾经存在法律法规、任职单位规定不得担任股东的情形或者不满足法律法规规定的股东资格条件等主体资格瑕疵问题，并对公司股东适格性发表明确意见。

（2）若曾存在股东主体资格瑕疵问题，请核查规范措施是否真实、合法、有效，以及规范措施对公司的影响，并就股东资格瑕疵问题是否影响公司股权明晰、公司设立或存续的合法合规性发表明确意见。

新三板公司挂牌条件明确要求股权明晰，股票发行和转让行为合法合规，而股东主体适格是股权明晰以及后续股票发行转让合法合规的起点与最基本要求。公司股东不存在不符合相关法律法规规定的主体资格瑕疵问题，才不会对公司股权明晰乃至公司存续的重大问题产生负面影响；如果确实存在或曾经存在相应的公司股东主体资格瑕疵问题，那么按照《参考要点》的规定，主办券商与律师事务所等中介机构与参与核查的部门必须核查相应的规范措施，预估对公司上市挂牌所造成的影响，就此问题，发表明确的核查意见与相关建议。

股东主体是否适格，关系公司股权是否明晰、股票发行转让是否合法规合规，更关系到公司是否能够成功在新三板挂牌上市并实现进一步发展。因此，公司也必须对自己股东的适格问题，进行相关重要信息的披露与公开，进一步补充主办券商、律师事务所乃至相应监管机构需要的参考与依据。

"出资合法合规"要求主办券商与律师核查如下问题并给出意见：

（1）请核查公司历次出资的缴纳、非货币资产评估和权属转移情况（如有）、验资情况，并就公司股东出资的真实性、充足性发表明确意见。

（2）请核查出资履行程序、出资形式及相应比例等是否符合当时有效法律法规的规定，对出资程序完备性和合法合规性发表明确意见。

（3）请核查公司是否存在出资瑕疵。若存在，请核查以下事项并发表明确意见：

①核查出资瑕疵的形成原因、具体情形，出资瑕疵对公司经营或财务的影响；

②对公司前述出资瑕疵是否存在虚假出资事项、公司是否符合挂牌条件发表意见；

③核查公司针对出资瑕疵所采取的规范措施情况，并对规范措施是否履行相应程序并合法有效、是否足以弥补出资瑕疵、出资瑕疵及其规范措施是否会导致公司面临相应的法律风险发表意见；

④另请主办券商及会计师核查公司采取的规范措施涉及的会计处理方式是否符合《企业会计准则》的规定。

公司出资合法合规问题是关系新三板挂牌上市的重要问题，新三板挂牌上市条件明确规定公司股东的出资合法、合规，出资方式及比例应符合《公司法》的相关规定，同时公司治理机制健全，合法规范经营。

《参考要点》要求主办券商与律师核查公司历史上的出资缴纳、资产评估与转移、验资情况，以及出资形式、比例等情况是否符合相关的法律犯规规定，发表明确的意见，还特别提到要就公司股东出资的真实性、充足性进行核查与发表意见。也就是，就上一部分股东主体资格瑕疵问题之后，再一次对股东的行为提出关注与核查的要求。

对出资瑕疵问题，《参考要点》做出了具体而详细的规定与要求：首先，主办券商与律师事务所等核查部门必须对出资瑕疵的原因、情形、影响作出评估与披露；其次，必须对公司是否存在虚假出资情况、是否还符合新三板挂牌上市的条件与要求给出定性的、明确的意见，作出初步判断；再次，判断是否还可弥补瑕疵，就可能存在的问题与法律风险继续给出意见，相当于给出补救措施与分析建议，作出第二轮判断与补充分析；最后，再请别的主办券商及会计师做进一步核查，判断是否符合《企业会计准则》的规定，公司的出资方式、之前券商等要求的措施是否规范等，相当于借助第三方机构或站在另一个角度（会计师的角度）进一步排查，提出第三轮意见与判断。

这一部分也要求公司必须进一步就相关信息进行补充与披露，以满足核查要求与信息公开条件。

公司设立与变更，包括"公司设立"与"股本变化"两个小部分。公司设立，要求主办券商与律师核查公司设立（改制）的出资审验情况、自然人股东纳税情况、公司代缴代扣个人所得税的情况，以及是否存在股东以未分配利润转增股本的情形，同时就公司设立与改制过程中各种行为的合法合规问题进行核查与发表意见，说明情形，提出防范措施与举措建议，带有"查漏补缺"的性质。

股本变化依然是与新三板上市条件紧密相连的，公司的增资扩股、撤资缩股等股本变化行为必须合法合规，所以这部分也是主办券商、律师事务所需要重点核查与关注的问题。就公司历次增资扩股、送股、减资撤资等涉及公司股本变化的相关行为与情形进行核查与分析，判断是否合法合规，分析潜在的问题，并发表意见与建议。

股权，包括"股权明晰""股权变动与股票发行合法合规""子公司股票发行及股权转让合法合规"三个小部分，这些都是《参考要点》"合法合规"部分的关键，也是与新三板挂牌上市条件联系最为紧密的部分。

根据《全国中小企业股份转让系统业务规则（试行）》中有关新三板挂牌法定条件的内容与具体要求，公司要股权结构清晰，权属分明，真实确定，合法合规；股东，特别是控股股东、实际控制人及其关联股东或实际支配的股东，持有公司股份不存在权属争议或潜在纠纷。《参考要点》中特别要求主办券商与律师核查公司是否存在股权代持、股权不明晰以及产生纠纷的情形，要求结合核查的事实情况对公司是否符合"股权明晰、股票发行和转让合法合规"等挂牌条件发表明确意见。针对股票代持，公务员、事业单位人员持股，国企股权转让，外资持股等近年比较多发和敏感的不合法、合规现象，券商与律师事务所需要特别关注，结合《参考要点》进行规范核查，同时也要对各种股权转让纠纷、子公司的股票发行与转让行为的合法合规进行核查，公司也需要就核查意见与未披露事项作补充披露与信息公开。

《参考要点》要求主办券商与律师对董事、监事、高管的资质与违法违规行为等进行规范核查并发表明确意见,新出现的"竞业禁止"部分本质上也是如此。核查针对的是有关违反竞业禁止法律法规的行为与可能引起的纠纷部门,同时要核查与评估在特定周期内由于高管人员的重大变动可能对公司经营造成的重大影响,这部分主要是通过主办券商来进行。

合法规范经营,包括"业务资质""环保""安全生产""质量标准""公司或其股东的私募基金备案""公司违法行为""其他合规经营问题""未决诉讼或仲裁"等小部分。其中"业务资质"是资质审核问题,"环保""安全生产""质量标准""公司或其股东的私募基金备案"等可以作为公司在日常规范经营中的具体行为与标准规范问题,"公司违法行为""其他合规经营问题""未决诉讼或仲裁"是公司存在的违法违规行为的核查与评议问题。

根据《全国中小企业股份转让系统业务规则(试行)》中新三板挂牌法定条件的内容与具体要求,所谓合法合规经营,是指公司及其控股股东、实际控制人、董事、监事、高级管理人员须依法开展经营活动,经营行为合法、合规,不存在重大违法违规行为。

《参考要点》首先要求主办券商与律师就公司的"业务资质"进行核查并发表意见,具体如下:

(1)公司是否具有经营业务所需的全部资质、许可、认证、特许经营权,并对公司业务资质的齐备性、相关业务的合法合规性发表意见。

(2)公司是否存在超越资质、经营范围,使用过期资质的情况。若存在,请核查公司的规范措施、实施情况以及公司所面临的法律风险、相应风险控制措施,并对其是否构成重大违法行为发表意见。

(3)公司是否存在相关资质将到期的情况,若存在,请核查续期情况以及是否存在无法续期的风险；若存在无法续期的风险，请核查该事项对公司持续经营的影响。

业务资质是新三板上市挂牌公司合法规范经营的前提与必要条件。只有公司具备相应资质，核查通过且没有潜在风险，该公司才能成功在新三板挂牌上市并持续经营，否则会收到整改警告与意见甚至不能挂牌。

企业的"环保""安全生产"与"质量标准"是《参考要点》中要求主办券商与律师重点筛查的关于企业合法规范经营的具体执行部分。在国家"节能环保""低碳减排""中国制造2025"等政策背景下，在各地出现安全生产隐患与爆发事故等情况下，企业运营的环保合法合规性、安全生产的把控与质量标准的核查就显得尤为重要与关键。这里特别要强调的是重污染企业的环保核查问题，如2015年天津港重大火灾爆炸事故，企业的环评批复、环评验收及"三同时"验收等批复文件的获取存在不合法合规问题；还有一些关联的化工企业，如河北诚信公司在河北省石家庄市元氏县的村庄污染问题，都没有及时核查到。此外，安全生产问题也涉及生产许可与风险防控的核查，公司所采取的质量标准要及时更新与披露。

《参考要点》在"公司或其股东的私募基金备案"部分中，还特别规定了自2015年3月20日起，申报公司或其股东属于私募投资基金管理人或私募投资基金的，请核查其私募基金备案问题。要求主办券商和律师核查以下情况：

（1）应核查公司或其股东是否按照《证券投资基金法》《私募投资基金监督管理暂行办法》及《私募投资基金管理人登记和基金备案办法（试行）》等相关规定履行了登记备案程序，并请分别在《推荐报告》《法律意见书》中说明核查对象、核查方式、核查结果并发表意见。

（2）申请挂牌同时发行股票的，应核查公司股票认购对象中是否存在私募投资基金管理人或私募投资基金，是否按照《证券投资基金法》《私募投资基金监督管理暂行办法》及《私募投资基金管理人登记和基金备案办法（试行）》等相关规定履行登记备案程序，并请分别在《推荐报告》《法律意见书》或其他关于股票发行的专项意见中说明核查对象、核查方式、核查结果并发表意见。

这部分要求比较新，主要是针对私募投资基金公司进入新三板市场的现象与趋势特意作出的规定与要求，继2014年九鼎投资成为首家登陆新三板的私募股权投资机构之后，越来越多的私募机构、私募基金意识到新三板市场具有重大的投资机会，纷纷登陆新三板。因此《参考要点》及时针对这类问题作出规定，要求主办券商和律师事务所就相关公司是否符合私募与投资相应法律法规作出核查并发表意见，而且还特别强调了要说明核查对象、核查方式、核查结果。这也是私募与新三板相结合发展、合法合规发展的依据与准则之一。

"公司违法行为""其他合规经营问题""未决诉讼或仲裁"这三个小部分，是《参考要点》对公司过去的、现在的、潜在的、未解决的等多方面违法违规行为进行核查的具体规定与要求。主办券商与律师事务所作为核查机构与人员，须详细核查并给出意见。同时，依然要求公司要对有关违法违规行为与记录等及时进行补充性的信息披露与公开，协助核查，以利发展与合法合规。

公司业务

公司业务，包括"技术与研发""业务情况""资产""人员、资产、业务的匹配性"四个方面。其中"业务情况"又包括"业务描述""商业模式""重大业务合同"三方面的子内容;"资产"又包括"资产权属""知识产权"两个方面的子内容。

其中"技术与研发"部分中,要求公司披露并请主办券商核查以下事项:

(1)公司所使用的技术工艺及其在公司产品或服务中的作用,公司技术或工艺的创新性、比较优势及可替代情况。

(2)研发基本情况,包括且不限于研发机构的部门设置情况、研发人员数量和构成、核心技术(业务)人员情况、研发支出的具体情况及其占营业收入比例、研发项目与成果。

(3)公司所取得的技术明细,以及是否存在侵犯他人知识产权情形。请公司区分技术的不同取得形式进行披露:

①若是原始取得,应披露是否存在其他单位的职务发明问题、是否侵犯他人知识产权、是否存在竞业禁止问题;

②若是合作研发取得,应披露合作概况、相关权属和利益分配的约定;

③若是受让取得,应披露受让的原因、受让概况、技术是否存在权属瑕疵。

针对以上情况,公司应披露相应技术是否存在纠纷或潜在纠纷,公司的应对措施。

(4)若公司为高新技术企业,请结合研发投入、收入、研发人员等情况核查公司申请通过高新技术企业资格复审所存在的风险。

对"技术与研发"问题的核查,是与新三板上市挂牌的公司多为高科技企业、中小微创新企业有关,在研发中的创新性、比较优势、技术壁垒、知识产权等问题不可避免地会带来一些问题。《参考要点》针对(3)技术明细与技术取得形式披露,与(4)若为高新技术企业要结合各种情况核查资格复审风险，特别强调了要由律师来核查相关情况。

业务情况，包括"业务描述""商业模式"和"重大业务合同"三个方面。

"业务描述"要求"公司结合报告期内业务收入分类，准确、具体地阐述公司的业务、业务分类的标准、产品或服务"。同时，"请主办券商核查前述披露事项，并就公司业务描述是否准确、公司披露的产品或服务与营业收入分类是否匹配发表意见"。其本质，就是要相应公司对业务的各种情况进行详细的介绍与解释；主办券商要核实公司相关信息披露与描述的准确性与真实性，并发表意见。

"商业模式"要求公司结合自身实际情况清晰准确地披露商业模式，大致包括"公司业务立足或属于哪个行业，具有什么关键资源要素（如技术、渠道、专利、模式等），利用该关键资源要素生产出什么产品或提供什么服务，面向哪些客户（列举一两名典型客户），以何种销售方式销售给客户，报告期内利润率，高于或低于同行业利润率的概要原因"。也就是说，公司商业模式可参照现有的介绍与格式内容，对于不涉及公司商业机密与技术机密的商业模式概述内容进行信息披露与公开。这一部分也要求主办券商对公司商业模式的可持续性发表意见。

"重大业务合同"要求"公司披露报告期内对公司持续经营有重大影响的业务合同及履行情况，包括披露标准、合同主体、合同标的、合同期间、合同总价，披露的合同应与报告期内收入成本相匹配，包括履行完毕的、仍在履行的；并请按采购合同、销售合同、借款合同、担保合同（若有）等分别列示"。有关公司的重大业务合同各方面的情况都及时、公开、透明地进行披露，并且合理地分类，以供主办券商及律师对前述事项予以核查，以达到投资人、中介服务机构、监管机构等多方面机构与人员的要求。

"资产"包括"资产权属""知识产权"两个方面的子部分。

其中,"资产权属"要求主办券商及律师核查以下事项并相应发表意见:

(1)公司资产是否权属清晰、证件齐备,是否存在权利瑕疵、权属争议纠纷或其他权属不明的情形。若存在,请核查相应事项的规范情况。

(2)是否存在资产产权共有的情形以及是否存在对他方重大依赖的情形,是否影响公司资产、业务的独立性。

这意味着"资产权属"需要核查的内容要点主要是两个方面,一个方面是公司本身资产权属的相关问题,另一个方面是公司若存在产权共有以及对他方重大依赖等涉及公司发展独立性与可持续性的问题。主办券商与律师要核查清公司资产权属、公司与他人合作或依赖程度的问题,从内部与外部两个角度核查相应的规范情况与发展前景,并发表意见,同时公司还应不断补充性地进行"资产权属"相关信息与内容的披露。

"知识产权"要求主办券商及律师事务所核查以下事项并相应发表意见:

(1)是否存在权利瑕疵、权属争议纠纷或权属不明的情形,公司相对应的解决措施及其有效性。

(2)公司在知识产权方面是否存在对他方的依赖,是否影响公司资产、业务的独立性。

(3)存在知识产权纠纷的诉讼或仲裁的,量化分析诉讼或仲裁对公司持续经营能力的影响。

这一部分的内容与要求主要针对新三板市场中的中小微创新企业和高科技企业。这类企业成功的关键与核心在于高科技技术,得益于知识产权,但是往往面临的核心问题之一也是与知识产权有关的问题,如知识产权的权属与纠纷问题、知识产权依赖的问题等,如不加以妥善、及时处理,会对公司的合法合规经营与可持续发展产生严重影响。因此，相关公司要特别重视此类问题，主办券商与律师也应重点关注与核查这一关键问题。

"人员、资产、业务的匹配性"这一部分要求公司披露并请主办券商核查以下事项：

（1）公司是否拥有生产经营所必需的资产。

（2）请结合公司员工的教育背景、学历、职业经历、员工结构情况等分析并披露员工状况与公司业务的匹配性、互补性。

（3）公司主要资产与业务、人员的匹配性、关联性。

简单说来，这一部分是公司资产的恰当性、对应性与公司人员、资产、业务如何科学地构建与搭配，达到匹配、关联、互补的动态良好效果，也就是公司相应资源的有效配置与激励兼容的问题。这涉及公司良好的基因与文化、决策过程的科学民主等，但最基本的还是合适的资源与合理地搭配。公司要主动及时地披露相关情况，主办券商也要不断跟进与核查相关情况，使公司能够有效科学可持续地发展。这一部分严格意义上来说和法律法规直接相关性不强，律师事务所参与度不高，更多是公司结构与优化方面的内容与要求。

财务规范性

"财务规范性"包括"内控制度有效性及会计核算基础规范性"与"税收缴纳"两个子部分，分别对公司、主办券商、会计师、律师提出相应的要求与参考要点。

"内控制度有效性及会计核算基础规范性"要求公司在内控财务制度、财务人员等多方面进行说明与信息披露。具体要求如下：

（1）说明报告期内公司财务制度的制定及执行情况。

（2）说明财务机构设置情况、财务人员是否独立，并结合财务人员数量、执业能力、公司业务特点等情况补充说明公司的财务人员是否能满足财务核算的需要。

公司首先从内部说明报告期内公司的财务制度有关情况，并结合财务人员数量、执业能力等多方面情况补充说明财务人员核算能力情况。《参考要点》要求公司要有在内部控制上对财务制度与财务人员的把控能力，以及及时、准确进行说明与信息披露的自觉性。

同时，还要求主办券商、会计师等机构与人员就公司内控制度、相关记录、会计核算基础、主要问题等多方面内容进行详细核查，并发表各自的专业意见。具体要求如下：

（1）公司销售与收款循环、购货与付款循环、生产循环、筹资与投资循环、货币资金循环等五大循环相关的内控制度，结合职责分离、授权审批、内部凭证记录等核查相关制度是否有效，是否得到有效执行。

（2）公司会计核算基础是否符合现行会计基础工作规范要求，说明在尽职调查及审计过程中发现的与公司内控及会计核算相关的主要问题以及后续规范措施，并对报告期内公司财务管理制度是否健全、会计核算是否规范发表专业意见。

《参考要点》要求主办券商、会计师事务所等中介机构、服务机构与核查机构对相关公司的财务规范性有一个全面、综合的核查，并发表专业意见。《全国中小企业股份转让系统业务规则（试行）》强调公司治理机制要健全，要合法合规运营，特别是公司应设有独立财务部门进行独立的财务会计核算，相关会计政策能如实反映企业财务状况、经营成果和现金流量。也就是，公司首先要有好的财务内控制度，会计核算基础必须规范，这与《参考要点》中"内控制度有效性及会计核算基础规范性"的精神与内在要求是不谋而合的。公司要有好的内控与规范，同时券商与会计师要有好的核查与专业意见。

"税收缴纳"要求公司及时披露缴税情况与相关影响情况，主办券商、会计师、律师也应仔细核查公司税收缴纳的规范性。具体要求如下：

请公司分别披露报告期内公司及其子公司的流转税与所得税税率、征收方式、税收优惠情况，如公司业绩对税收优惠政策存在依赖，请披露享受税收优惠的期限以及对公司经营业绩的影响。

主办券商、会计师、律师应结合公司业务特点、客户对象、报告期内发生的重大资产重组、非货币资产出资规范等实际情况，核查公司税收缴纳的合法合规性，包括但不限于：

（1）公司缴纳税种以及税率情况。

（2）公司税收缴纳情况、是否存在少计税款、未足额缴纳税款、延期缴纳税款等不规范行为。

（3）公司是否存在偷税、漏税等重大违法违规行为。

税收缴纳直接与公司合法合规运营有关，是挂牌上市过程中最应关注与核查的关键问题之一。主办券商、会计师事务所、律师事务所等中介服务机构、核查机构（特别是负责持续督导的主办券商）应完成尽职调查和内核程序，对公司是否符合挂牌条件、是否具备持续发展能力发表独立的、专业的意见，出具推荐报告或给出合理建议等方面的内容。

持续经营能力

"持续经营能力"包括"自我评估"与"分析意见"两个子部分，分别对公司和主办券商提出相应的要求与参考要点。

"自我评估"要求公司在多个方面对自我进行综合评估，并在发展或转让中采取一定的分析、对策与信息披露。具体要求如下：

公司应结合营运记录（可采用多维度界定，如：现金流量、营业收入、交易客户、研发费用、合同签订情况、行业特有计量指标等情况）、资金筹资能力（如：挂牌并发行）等量化指标，以及行业发展趋势、市场竞争情况、公司核心优势（如：技术领先性）、商业模式创新性、风险管理、主要客户及供应商情况、期后合同签订以及盈利情况等方面评估公司在可预见的未来的持续经营能力。

如果评估结果表明对持续经营能力产生重大怀疑的，公司应在公开转让说明书中披露导致对持续经营能力产生重大怀疑的因素以及公司拟采取的改善措施。

由此可见，"自我评估"包括两方面的内容，首先是公司结合各种量化指标，综合行业趋势、市场状况、核心优势、商业模式创新性等多种情况多方面进行"自我评估""自我诊断"；其次是如果评估结果不利，公司应在转让说明书中披露相关情况与"诊断措施"。通俗来讲，一个是自我评估、自我诊断的要求，另一个是信息披露与开药方给建议的要求。

根据《全国中小企业股份转让系统业务规则（试行）》中新三板挂牌法定条件的内容与具体要求，所谓持续经营能力，是指公司基于报告期内的生产经营状况，在可预见的将来，有能力按照既定目标持续经营下去。如公司业务在报告期内应有持续的营运记录，公司应按照《企业会计准则》的规定编制并披露报告期内的财务报表等内容。《参考要点》中的"持续经营能力"部分中，主要涉及相关公司的"自我评估"能力，以及在股份转让过程中进行信息披露与提供改善措施建议的能力与要求，对公司的"持续经营能力"的自觉性与"自我评估"能力提出了更高的要求与更需提升的工作。

同时，在"分析意见"这一子部分中，《参考要点》对主办券商的核查工作提出了要求，要求主办券商充分合理地论证相关公司的持续经营能力，给出有建设性的意见与建议，供相关公司、投资机构、监管机构等多部门参考或监督，以利于未来公司的持续经营，及新三板市场的发展前景。

链条服务——如何选择券商与辅导、中介机构

企业在新三板挂牌仅仅只是一个开始，主办券商、会计师事务所、律师事务所、辅导机构等中介机构的竞争力在于能否提供包括定向增发、发债、收购兼并、做市、投后管理等全链条的服务。

如前所述可知，企业在新三板市场的挂牌上市需要以下中介机构：（1）作为推荐主办券商的证券公司；（2）会计师事务所；（3）律师事务所；（4）资产评估机构（如需要评估）。其中证券公司是主导，会计师事务所一般需要具备证券从业资格。

最重要的机构是主办券商。如何选择能够提供链条服务与优质服务的主办券商，企业如何与券商展开合作、互动与反馈，成为企业在新三板顺利挂牌上市与持续发展的重要因素。

主办券商的选择与签约

根据全国中小企业股份转让系统手册、全国中小企业股份转让系统有限责任公司网站、中国证监会《关于证券经营机构参与全国股转系统关问题的通知》等多种渠道与文件资料、法律法规，可知主办券商的选择与签约，企业与主办券商、律师事务所、会计师事务所等中介机构的合作情况。

主办券商的重要性

主办券商的重要性表现在以下几个方面：

（1）主办券商的推荐与持续督导是企业挂牌的必需条件。

企业申请在全国中小企业股份转让系统挂牌的条件之一为"主办券商推荐并持续督导"。企业申请挂牌须经主办券商推荐，双方签署《推荐挂牌并持续督导协议》；主办券商应完成尽职调查和内核程序，对公司是否符合挂牌条件发表独立意见，并出具推荐报告。

（2）主办券商在企业改制挂牌工作中起指导规范作用。

在企业改制挂牌工作中，主办券商负责协调、指导企业规范历史遗留问题，帮助规范公司的治理结构，完善企业内部控制制度，提高治理水平；帮助企业规划战略，设计改制方案，总体把握企业改制是否满足规范性要求，是否达到挂牌的基本条件；在改制挂牌工作中，牵头协调企业和其他中介机构的工作，把握时间进度；对拟挂牌企业进行尽职调查，指导企业制作申请挂牌的全套资料；指导企业完成挂牌审核过程中全国中小企业股份转让系统反馈意见的回复工作，指导企业完成股份登记托管、挂牌等事宜。

（3）主办券商负责在推荐挂牌公司挂牌后履行持续督导职责。

主办券商持续督导所推荐挂牌公司诚实守信、规范履行信息披露义务、完善公司治理机制。主办券商要对所推荐挂牌公司的信息披露文件进行事前审查。

（4）主办券商对推荐挂牌公司后续资本运作起重要的作用。

企业在全国中小企业股份转让系统挂牌，是走进公开资本市场的第一步，挂牌之后发行股票融资、发行债券及证券衍生品、做市交易、并购重组等业务将会频繁发生。由于推荐挂牌的主办券商与企业的天然关系，一般能够在后续资本运作中起到重要的作用。

全国中小企业股份转让系统实行主办券商推荐并持续督导制度。证券公司在全国中小企业股份转让系统开展业务，必须进行备案并取得主办券商业务资格。

在全国中小企业股份转让系统有限责任公司登记备案的主办券商业务范围包括推荐挂牌业务、经纪业务和做市业务。各主办券商的业务资格及执业情况，详见全国中小企业股份转让系统网站www.neeq.com.cn或www.neeq.cc。

主办券商的评价与选择

企业评价主办券商时，应当考虑的因素主要包括以下几点：

（1）主办券商的规范性。主要考虑主办券商经营合规性、风险防范意识及管理规范性。

（2）主办券商业务线的完整性。主要考虑主办券商各类业务的布局、历史业绩及未来发展情况。

（3）主办券商在全国中小企业股份转让系统的业务开展情况及人员配置。

企业在全国中小企业股份转让系统挂牌，应当审慎选择主办券商，坚持"适合企业发展"的基本理念，而不是盲目看重券商的规模、排名、收费情况。

企业选择主办券商及项目团队时应关注的要点包括：

（1）应当选择与企业自身发展战略相匹配的券商，尤其要考虑企业在全国中小企业股份转让系统挂牌后的资本运作规划与主办券商的匹配性。

（2）应当选择对企业在全国中小企业股份转让系统挂牌及后续业务有一定经验的券商。

（3）券商的项目团队和企业有直接关联，应当选择对企业所属行业、业务、经营模式有一定理解和运作经验的券商项目团队。

（4）应当选择对企业诚信服务，具有时间保障的券商项目团队。

企业在选择券商的时候，最好选择在市场上口碑好、品牌效应很强、排名较高的，项目团队承做过企业上市新三板且各种流程与事项都能够合法合规合理化地处理的券商。项目组的负责人应当有五年以上工作经验，有过项目经验；承做项目的主要人员，应当有过签字的项目经验；在签署《推荐挂牌并持续督导协议》时，最好就项目现场主要经办人做出明确的约定。

实践中，券商一般是整体报价，然后协调律师、会计师共同进场，这样做的优势是企业可以省去找其他中介的麻烦，但是劣势是券商会压低律师和会计师的费用。在律师和会计师费用不足的情况下，券商会选择报价低的律师，甚至是没有证券从业经验的律师、项目经办经验不足的会计师等组成项目团队。以上利弊需要企业慎重权衡。由此可见，只有选择一条龙式的服务机构，才能避免企业浪费资金、时间。

企业如何配合券商的工作

为了让券商团队更加全面、客观、准确地了解拟挂牌公司的状况，推进挂牌工作的开展，拟挂牌公司需全面配合主办券商的工作，按主办券商要求的清单提供相关资料，并保证所提供资料的真实性、准确性和完整性，承诺其中不存在虚假记载、误导性陈述或重大遗漏，并就其保证承担个别和连带法律责任。拟挂牌企业应全面配合券商项目小组的尽职调查工作，配合其他相关中介机构的工作，并配合完成报送材料的制作、上报、反馈、归档、股份登记等工作，确保企业顺利挂牌。

企业可考察券商在尽职调查、内部控制、申报材料制作、反馈回复、股份登记、解限售、挂牌、持续督导以及发行交易过程中所提供服务的专业性、及时性等方面，对主办券商项目组负责人及相关人员的工作做出评价，并将此评价反馈给券商承做推荐业务的部门负责人和质控／内核部门。

若券商执业质量确实存在问题，企业应及时向全国中小企业股份转让系统有限责任公司反映。

与其他中介机构的合作

企业在新三板挂牌上市与持续发展过程中，最重要的合作机构是主办券商，而与其他中介机构的合作也是必不可少的。会计师事务所、律师事务所、辅导培训机构、基金与路演平台等作为新三板系统中必要的中介机构，对企业在新三板挂牌上市与发展之中遇到的法律、财务、资金等方方面面的问题，能够提供专业、规范、有效的帮助。这些中介机构的职责与职业标准都有哪些，如何与企业合作、互动与反馈，哪些额外的机构可以从事新三板推荐业务，哪些机构对企业以及管理人员有技能、知识、资金上的帮助，这都是需要介绍与解答的问题。

（1）会计师事务所的职责与执业标准。

会计师事务所需要为拟挂牌公司出具两年一期的审计报告，需要在挂牌审查阶段对全国中小企业股份转让系统有限责任公司提出的与财务相关的问题出具反馈意见并回复。注册会计师应按照《中国注册会计师审计准则》的规定执行审计工作，遵守职业道德守则，计划和执行审计工作，以及对财务报表是否存在重大错报发表独立审计意见。

（2）律师事务所的职责与执业标准。

律师事务所的职责是接受企业委托，为其申请股票在全国中小企业股份转让系统挂牌提供特聘专项法律顾问。律师事务所应根据有关法律、法规及规范性文件的规定，按照律师行业公认的业务标准、道德规范和勤勉尽责精神，为企业提供法律服务，就项目过程中的法律问题提供咨询意见，为公司改制起草法律文件，为公司挂牌事宜出具法律意见书。

（3）主办券商、会计师事务所、律师事务所须统筹协作。

在企业挂牌过程中，企业、主办券商、会计师事务所、律师事务所形成挂牌项目工作组。主办券商为整个项目组的牵头人，负责把控整个项目的挂牌进度，在重大问题上作出判断，推动挂牌顺利进行。企业、主办券商、会计师事务所、律师事务所应归位尽责，相互配合，共同做好申请挂牌工作。

会计师根据《中国注册会计师审计准则》的要求开展工作，企业应积极为会计师的审计工作提供便利，及时提供资料，积极配合会计师的核查。企业需要确保提供给会计师、律师的材料的真实性、准确性和完整性。

企业应根据会计师、律师在挂牌业务过程中的专业能力、职业道德、服务水平等对其工作做出综合评价和反馈。企业可将对项目主办会计师、律师的意见反馈给承接业务的会计师事务所、律师事务所合伙人以及主办券商项目负责人。执业质量确实存在问题的，企业应及时向全国中小企业股份转让系统有限责任公司反映。

（4）其他参与新三板的机构。

根据中国证监会《关于证券经营机构参与全国中小企业股转系统相关业务有关问题的通知》，基金管理公司子公司、期货公司子公司、证券投资咨询机构等其他机构，经中国证监会备案后，可以在全国中小企业股转系统开展推荐业务。

传统知名高校，如清华、北大、人大等在相关经济管理类课程与培训中也加入了新三板的相关内容。此外，还有许多基金与路演平台也支持企业在新三板的挂牌上市与持续发展。据媒体报道，2015年4月18日，在"新三板企业价值提升与市值管理2015春季峰会"上，盛景网联携手众多顶尖投资机构共同发起新三板价值型投资倡议，呼吁市场重视理性投资和可持续发展。盛景嘉成母基金同时发布10亿元人民币规模的新三板母基金，这是当时中国首支规模化、重量级的新三板母基金（FOF）。

此外，投后管理一直是新三板上市企业与中介机构中的薄弱环节，这也是企业选择好的券商、好的辅导培训与孵化机构的重要原因，因为它们能一直提供督导服务，推出投后管理，解决企业成长问题，解决老板痛点，围绕整个资本市场开展咨询与服务。具体详见第七章。

第六章

新三板的发行与融资

新三板以市场化为导向，以信息披露为核心，主要服务于创新型、创业型、成长型中小微企业，通过建立健全小额、便捷、灵活、多元的投融资机制，为挂牌公司提供综合性的金融服务，提升服务实体经济的能力。

新三板融资的主要方式

全国中小企业股份转让系统融资制度以市场化为导向，以信息披露为核心，主要服务于创新型、创业型、成长型中小微企业，通过建立健全小额、便捷、灵活、多元的投融资机制，为挂牌公司提供综合性的金融服务，提升服务实体经济的能力。

全国中小企业股份转让系统"小额、便捷、灵活、多元"的融资制度安排符合中小企业融资的需求特征。挂牌公司可根据自身发展需要，在挂牌同时发行股票，或挂牌后通过发行股票、债券、优先股等多元产品进行融资。

新三板大致有三种融资方式，第一种方式是股权融资，以定向增发为主要手段；第二种方式是进行股权质押，通过股权质押贷款融资；第三种方式是挂牌以后通过发行私募债、公司可转债融资。其中最主要的融资方式就是股权融资和债券融资。全国中小企业股份转让系统已推出优先股，并将择机推出债券类产品，丰富市场主体的投融资选择。

除发行证券进行直接融资外，公司挂牌后，还能在银行贷款等方面获得更大的便利。目前，全国中小企业股份转让系统已与多家商业银行签订了战略合作协议，商业银行将提供包括挂牌公司股权质押贷款在内的多项金融产品和服务。

定向增发

股权融资不外乎两种方式,即股权转让与定向增发。股权转让,是指在全体股东一致同意的情况下,股东把自己手里的股票转让给第三方,第三方把钱转到股东手里,从而实现财富变现。严格意义上讲,这种方式不是融资行为,而是转让行为。一般的股权融资是通过定向增发的方式实现的。

新三板定向增发,又称新三板定向发行,是指拟申请挂牌公司、挂牌公司向特定对象发行股票的行为。

新三板定向增发具有以下特点:(1)企业可以在挂牌前、挂牌时、挂牌后定向发行融资,发行后再备案;(2)企业符合豁免条件,则可进行定向发行,无须审核;(3)新三板定向增发属于非公开发行,针对特定投资者,不超过35人;(4)投资者可以与企业协商谈判,确定发行价格;(5)定向发行新增的股份不设立锁定期。

公司新三板上市前要股改,即从有限责任公司变为股份有限公司。当转到股份有限公司的时候,就有了准股本的概念。例如,企业可以设准股本为5000万股,按照每股净资产为1元的话,那么企业有5000万股本。如果实施定向增发的话,企业希望定向增发1000万股,也就是在原来5000万股的基础上多了1000万股的股份。某个投资机构1000万股的发行就有可能带来2000万元用于经营,每股的净资产被摊薄,但是准股本增大,股东的原有股权被稀释。

投资者参与新三板定向增发的原因

目前协议转让方式下,新三板市场整体交易量稀少,投资者很难获得买入的机会。定向增发是未来新三板企业股票融资的主要方式，投资者通过参与新三板企业的定向增发，提前获取筹码，享受将来流动性迅速放开带来的溢价。

新三板定向增发融资规模相对较小，定向增发对象人数不超过35人，因此单笔投资金额只需十几万元即可参与；新三板定向增发不设锁定期，定向增发股票上市后可直接交易，避免了锁定风险；新三板定向增发价格可通过协商谈判来确定，避免了买入价格过高的风险。

新三板定向增发流程

根据全国中小企业股份转让系统手册第三部分"投资交易业务指南"，新三板定向增发的流程有：（1）确定发行对象，签订认购协议；（2）董事会就定向增发方案作出决议，提交股东大会通过；（3）证监会审核并核准；（4）储架发行，发行后向证监会备案；（5）披露发行情况报告书。发行后股东不超过200人或者1年内股票融资总额低于净资产20%的企业可豁免向中国证监会申请核准。新三板定向增发由于属于非公开发行，企业一般要在找到投资者后方可进行公告，因此投资信息相对封闭。

一般来讲，公司首先通过内部的董事会决议，决定要通过定向增发的方式来进行融资；其次，要通过股东大会，假如定向增发人数总计没有超过200人，是不需要向证监会申请的，直接到全国中小企业股股份转让系统有限责任公司备案，办理新增股份登记，然后公开转让即可。

假如定向增发人数不断增加，超过200人，必须到证监会进行申请核准。公司定向增发的要点里有一条：挂牌的同时可以进行定向增发，但这种规定并非强制。挂牌企业可以根据自身对资金的需求来决定，也就是说融资与否并不是证监会或全国中小企业股份转让系统强行规定的,是根据企业自主需要决定的。

另外,企业向特定对象发行股票后,股东累计不超过200人,或者在12月内累计发行股票融资额低于公司净资产的20%的话,算一种小额融资,是不需要向证监会申请的。

在新三板定向增发的时候还有一个特点,除了定向增发的对象自愿做出一些特别约定,一般来讲定向增发的股票没有限售的要求,可以随时转让。当然,公司的董事、监事、高管新增的股份,应该有些特殊约定。可以这样理解,当投资机构通过定向增发的方式将资金拿到企业,它那部分的股份理论上是随时可以在二级市场卖出的。

定向增发的对象

(1)上下游企业与合作伙伴。

(2)高管、股东或员工。

(3)合格投资者。法律上有明确的规定,第一种是法人机构,即500万注册资本的有限责任公司,这种机构是可以作为定向增发的对象,可以作为投资对象的;第二种是合伙企业,要求也是500万,但要求是500万实缴出资。这样的对象才是合格投资者,才有可能向他们进行定向增发。

(4)集合信托计划、证券投资基金、银行理财产品等一些金融产品或者资产。

(5)自然人。要求定征对象本人前一交易日日终证券类资产市值500万元人民币以上,同时有2年以上的证券投资经验,或具有会计、金融、投资、财经等相关专业背景或培训经历。

私募债券、可转债券

中小企业私募债券是指中小微型企业在中国境内以非公开方式发行和转让，约定在一定期限还本付息的公司债券。每期私募债券的投资者不得超过200人。

中小企业私募债券对发行人净资产和盈利能力等没有硬性要求，由承销商对发行人的偿债能力和资金用途进行把握；中小企业私募债券的各种要素，诸如发行金额、利率、期限等，均由发行人、承销商和投资者自行协商确定，通过合同确定各方权利和义务关系；中小企业私募债券采取交易所备案发行机制，交易所对备案材料进行完备性核对。

企业在新三板挂牌以后，实际上企业的资信在提高，此时发行私募债券，是值得考虑的一种融资方式。而且这是一种债权的方式。发行私募债券一般要在沪深证券交易所进行备案，有几个关键条件：第一是发行人必须是在国内注册的有限责任公司或股份有限公司；第二是发行利率不超过同期银行贷款利率的三倍，一般私募债券的期限在一年以上。但实践中对发行人有一些特殊要求，目前来讲房地产和金融企业是比较难发行私募债券的。

可转债券的全称是可转换（公司）债券，是指其持有者可在特定条件下、特定时期内按一定比例或价格转为指定公司股份的特殊企业债券。目前可转债券的申购、交易都可以通过沪深证券交易所进行。

可转换债券具有债券性、股权性、可转换性三个主要特征。根据沪深证券交易所的规定，可转债券的交易规则为：

（1）交易方式：可转换公司债券实行 T+0 交易。可转换公司债券的委托、交易、托管、转托管、行情揭示参照A股办理。

（2）交易报价：可转债券以面值100元为一个报价单位，价格升降单位为0.01元。以面值1000元为1手，以1手或其整数倍进行申报，单笔申报最大数量应当低于1万手（含1万手）。

（3）交易清算：可转换公司债券交易实行T+1交收，投资者与券商在成交后的第二个交易日办理交割手续。

《上市公司发行可转换公司债券实施办法》规定，担任主承销商的证券公司应重点核查发行人的以下事项，并在推荐函和核查意见中予以说明：

（1）在最近三年特别在最近一年是否以现金分红，现金分红占公司可分配利润的比例，以及公司董事会对红利分配情况的解释。

（2）发行人最近三年平均可分配利润是否足以支付可转换公司债券一年的利息。

（3）是否有足够的现金偿还到期债务的计划安排。

（4）主营业务是否突出。是否在所处行业中具有竞争优势，表现出较强的成长性，并在可预见的将来有明确的业务发展目标。

（5）募集资金投向是否具有较好的预期投资回报。前次募集资金的使用是否与原募集计划一致。如果改变前次募集资金用途的，其变更是否符合有关法律、法规的规定。是否投资于商业银行、证券公司等金融机构（金融类上市公司除外）。

（6）发行人法人治理结构是否健全。近三年运作是否规范，公司章程及其修改是否符合《公司法》和中国证监会的有关规定，近三年股东大会、董事会会议、监事会会议及重大决策是否存在重大不规范行为，发行人管理层最近三年是否稳定。

（7）发行人是否独立运营。在业务、资产、人员、财务及机构等方面是否独立，是否具有面向市场的自主经营能力。属于生产经营类企业的，是否具有独立的生产、供应、销售系统。

（8）是否存在发行人资产被有实际控制权的个人、法人或其他关联方占用的情况，是否存在其他损害公司利益的重大关联交易。

（9）发行人最近一年内是否有重大资产重组、重大增减资本的行为，是否符合中国证监会的有关规定。

（10）发行人近三年信息披露是否符合有关规定，是否存在因虚假记载、误导性陈述或者重大遗漏而受到处罚的情形。

（11）中国证监会规定的其他内容。

总之，私募债券、可转债券是未来新三板市场发展丰富化、多样化的大趋势下会采用的债券交易形式，已经陆续推出并试点施行。但是由于门槛高、规定细等诸多原因，主管部门与市场有关机构还都在尝试与观望。

优先股制度

优先股是指其股份持有人优先于普通股股东分配公司利润和剩余财产，但参与公司决策管理等权利受到限制，在正常情况下不参与公司治理的特殊类型股票。相对于普通股，优先股的类型更复杂多样，特殊条款较多。

依据不同条件，优先股有以下几种划分：

（1）根据股息是否可以累积，分为累计优先股和非累计优先股。

（2）根据能否参与本期剩余盈利的分享，分为参与优先股和非参与优先股。

（3）根据能否转为其他品种股票，分为可转换优先股和不可转换优先股。

（4）根据能否由发行公司出价赎回，分为可赎回优先股和不可赎回优先股。

（5）根据股息率是否允许变动，分为股息率可调整优先股和股息率固定优先股。

优先股与债券、普通股的区别

优先股与债券、普通股的区别见表6-1。

表6-1 优先股与债券、普通股的区别

项目	债券	优先股	普通股
产品属性	债务融资	权益/债务融资	权益融资
分配顺序	先于优先股和普通股	先于普通股，次于债券	次于债券和优先股
投资者权利	募集说明书约定的权利	正常情况下无表决权	公司规定的股东权
融资期限	约定期限	无期限或期限较长	一般无期限
收益支付	定期还本付息	定期分配股息	股息不固定，不还本
收益来源	息税前利润	税后利润	税后利润

优先股相比普通股的主要优点是不分散控制权，红利稀释较少。此外，会计处理也比较灵活。缺点则是优先股股息不能税前扣除，可能会增加财务负担。

对于投资者而言，优先股能够满足长期稳定收益的投资需求，但收益较低，在极端情况下，也有违约的风险。

适合发行优先股的机构与公司

（1）银行类金融机构，可以发行优先股补充一级资本，满足资本充足率的监管要求。

（2）资金需求量较大、现金流稳定的公司，发行优先股可以补充低成本的长期资金，降低资产负债率，改善公司的财务结构。

（3）初创期、成长初期的公司，股票估值较低，通过发行优先股，可在不稀释控制权的情况下融资。

（4）进行并购重组的公司，发行优先股可以作为收购资产或换股的支付工具。

根据《国务院关于开展优先股试点的指导意见》（国发【2013】46号）及《优先股试点管理办法》（证监会第97号令）等法律法规，上市公司中的上证50指数公司，以公开发行优先股作为支付手段收购或吸收合并其他上市公司的公司，以减少注册资本为目的回购普通股的公司，可以公开发行优先股；其他上市公司、非上市公众公司（全国中小企业股份转让系统挂牌公司）和注册在境内的境外上市公司可以非公开发行优先股。优先股的发行和转让需在沪深交易所、全国中小企业股份转让系统内进行。

非上市公众公司收购

所谓收购，通常是指收购人通过合法途径取得公司控制权的行为。为规范非上市公众公司的收购，中国证监会制定并颁布了《非上市公众公司收购管理办法》（以下简称《收购办法》）及配套的格式指引，全国中小企业股份转让系统也出台了相应的配套规则。

《收购办法》大体上可以分为两大制度体系，一是权益披露，二是收购类型。在此基础上，《收购办法》又对收购类型进行了细化规定，将其分为控制权变动、要约收购等几种情况，并分别作出规定。

目前，《证券法》和《收购办法》均未给出收购的明确定义。从《收购办法》的内容来看，主要是对非上市公众公司控制权或第一大股东发生变化的情况进行了规定。需要特别说明的是,《收购办法》中的"收购",仅指非上市公众公司被收购的情形。

在挂牌公司收购中会涉及的主体

一般来说,挂牌公司收购的主要参与主体有三大类:收购人、被收购公司及其股东、中介机构。收购人即收购行为的发起人。在收购完成后,收购人将成为挂牌公司的第一大股东或实际控制人。

被收购公司即收购的对象,被收购公司的股东则是收购人的直接交易对手方。由于公司一般不能持有自己的股票,因此收购行为一般是收购人通过购买被收购公司股东的股票来完成的。

中介机构则是包括独立财务顾问、会计师事务所、律师事务所等在内的,可能参与到挂牌公司收购中的各类机构。其中,独立财务顾问是收购中作用最为显著的中介机构,《收购办法》中也明确规定,为公众公司收购提供服务的财务顾问的业务许可、业务规则和法律责任等,按照《上市公司并购重组财务顾问业务管理办法》的相关规定执行。

收购制度的主要特点

全国中小企业股份转让系统的收购制度主要有以下几个特点:

(1)不设行政许可,以信息披露为核心。

全国中小企业股份转让系统实行了较为严格的投资者适当性制度,投资者具有较强的风险识别与承受能力。因此《收购办法》不设行政许可,充分发挥市场约束机制,强化全国中小企业股份转让系统的自律监管职责,给市场和投资者更大的决策范围。

（2）简化披露内容。

除要约收购或者收购活动导致第一大股东或实际控制人发生变更的，其他收购只需要披露权益变动报告书，简要披露收购人的基本情况、持股数量和比例、持股性质、权益取得方式等信息，且不区分简式权益变动报告书和详式权益变动报告书。收购报告书和要约收购报告书也大幅减少披露内容，重点强化客观性事实披露，弱化主观性分析信息，较上市公司的相关要求减少超过一半。

（3）加强责任主体的自我约束和市场自律监管。

借鉴新股发行制度改革的做法，对于相关责任主体做出公开承诺的，要求同时披露未能履行承诺时的约束措施。全国中小企业股份转让系统对未能履行承诺的，及时采取自律监管措施。

权益披露

权益披露又被称为持股预警信息披露，是一种对于控制权变动的预警性披露。收购人在收购公司前，往往需要取得一部分的控制权，从而便于后续收购活动的开展。因此，每当公众公司股票大量、快速地聚集到个别股东手中的时候，都可能预示着一次潜在的收购行为。在出现这种情况时，为了使广大投资者和市场参与主体及时、公平地获取相关信息，就需要相关持股主体对其持股情况进行披露，并限制其在一定时间段内的交易权限。

具体到挂牌公司的权益披露规则，主要包括以下几点：

（1）首次触发。

根据《收购办法》的规定，投资者及其一致行动人持有挂牌公司的股份

（拟）达到或者超过 10% 之时，就应该进行权益披露。相关信息披露主体应当自该事实发生之日起 2 日内编制并披露权益变动报告书，报送全国中小企业股份转让系统，并通知该挂牌公司。

同时，自发生应当披露权益变动报告书的事实之日至披露后 2 日内，相关投资者及其一致行动人不得再买卖该挂牌公司的股票。需要特别提醒的是，该交易限制仅针对触发权益披露的个别投资者，公司股票并未被实施暂停转让，以下亦同。

（2）持续触发。

投资者及其一致行动人拥有权益的股份达到公众公司已发行股份的 10% 后，其拥有权益的股份占该公众公司已发行股份的比例每增加或者减少 5%（即其拥有权益的股份每达到 5% 的整数倍时），应当比照首次触发时的要求进行信息披露，即自该事实发生之日起 2 日内编制并披露权益变动报告书，报送全国中小企业股份转让系统，并通知该挂牌公司。

同时，自发生应当披露权益变动报告书的事实之日至披露后 2 日内，相关投资者及其一致行动人不得再买卖该挂牌公司的股票。

重大资产重组实务

为规范非上市公众公司的重大资产重组，中国证监会制定并颁布了《非上市公众公司重大资产重组管理办法》（以下简称《重组办法》）及配套的格式指引，全国中小企业股份转让系统也出台了相应的配套规则。

根据《重组办法》，非上市公众公司的重大资产重组是指公众公司及其控股或者控制的公司在日常经营活动之外购买、出售资产或者通过其他方式进行资产交易，导致公众公司的业务、资产发生重大变化的资产交易行为。

在判断标准方面，公众公司及其控股或者控制的公司购买、出售资产，达到下列标准之一的，构成重大资产重组：

（1）购买、出售的资产总额占公众公司最近一个会计年度经审计的合并财务会计报表期末资产总额的比例达到 50% 以上。

（2）购买、出售的资产净额占公众公司最近一个会计年度经审计的合并财务会计报表期末净资产额的比例达到 50% 以上，且购买、出售的资产总额占公众公司最近一个会计年度经审计的合并财务会计报表期末资产总额的比例达到 30% 以上。

在具体应用中，针对不同的资产类型，需要按以下原则进行判断：

（1）购买的资产为股权的，且购买股权导致公众公司取得被投资企业控股权的，其资产总额以被投资企业的资产总额和成交金额二者中的较高者为准，资产净额以被投资企业的净资产额和成交金额二者中的较高者为准；出售股权导致公众公司丧失被投资企业控股权的，其资产总额、资产净额分别以被投资企业的资产总额以及净资产额为准。

除前款规定的情形外，购买的资产为股权的，其资产总额、资产净额均以成交金额为准；出售的资产为股权的，其资产总额、资产净额均以该股权的账面价值为准。

（2）购买的资产为非股权资产的，其资产总额以该资产的账面值和成交金额二者中的较高者为准，资产净额以相关资产与负债账面值的差额和成交金额二者中的较高者为准；出售的资产为非股权资产的，其资产总额、资产净额分别以该资产的账面值、相关资产与负债账面值的差额为准；该非股权资产不涉及负债的，不适用资产净额标准。

（3）公众公司同时购买、出售资产的，应当分别计算购买、出售资产的相关比例,并以二者中比例较高者为准。

(4)公众公司在12个月内连续对同一或者相关资产进行购买、出售的,以其累计数分别计算相应数额。已按照《重组办法》的规定履行相应程序的资产交易行为,无须纳入累计计算的范围。交易标的资产属于同一交易方所有或者控制,或者属于相同或者相近的业务范围,或者中国证监会认定的其他情形,可以认定为同一或者相关资产。

重大资产重组制度的主要特点

全国中小企业股份转让系统的重大资产重组制度主要有以下几个特点:

(1)减少事前的行政干预。对于非上市公众公司的重大资产重组行为,不设事前行政许可,以信息披露为抓手。只有发行股份购买资产构成重大资产重组的情况方,才涉及核准或备案要求。具体来说,公司发行股份购买资产构成重大资产重组,发行后股东人数累计超过200人的,需要中国证监会核准;发行后股东人数累计不超过200人的,需要向全国中小企业股份转让系统有限责任公司备案。

(2)突出公司自治。对于一些涉及重组的具体事项,给予公司一定的自主权和选择空间。比如不限制支付手段及定价、不强制要求对重组资产进行评估、不强制要求对重组做出盈利预测、不强制要求公司对重组拟购买资产的业绩进行承诺,但如果做出承诺的,应当披露相关承诺及未能履行承诺时的约束措施等。

(3)简化要求,降低公司重组成本。比如简化非上市公众公司重大资产重组程序,不设重组委;实现独立财务顾问与主办券商结合,降低公司重组中聘请中介的支出;精练信息披露内容,减少公司披露主观描述性的信息;

等等。

（4）强化中介机构的作用。主办券商持续督导是全国中小企业股份转让系统的市场特色之一，在公司重大资产重组减少行政干预的情况下，中介机构的作用更加突出。为此，《重组办法》对独立财务顾问的职能、权利与义务做了明确规定，并原则规定了主办券商与独立财务顾问的"捆绑"，体现出突出主办券商制度、强化中介机构作用的立法思路。同时，《全国中小企业股份转让系统非上市公众公司重大资产重组业务指引（试行）》中也明确规定，为公司提供持续督导的主办券商未担任公司独立财务顾问的，应当遵守《全国中小企业股份转让系统业务规则（试行）》的规定，履行持续督导义务。

（5）加强投资者保护。尽管全国中小企业股份转让系统有较高的投资者准入标准，但在整套重大资产重组制度中，对投资者权益的保护依然是立法重点之一。例如，《重组办法》中就明确规定，股东人数超过200人的挂牌公司进行重大资产重组的，应当对出席会议的持股比例在10%以下的股东表决情况实施单独计票；同时，退市公司进行重大资产重组的，其股东大会应当提供网络投票等方式，便于中小股东参会。

挂牌公司进行重大资产重组需要满足的条件

根据《重组办法》的规定，挂牌公司进行重大资产重组，需要同时满足以下四项条件：

（1）重大资产重组所涉及的资产定价公允，不存在损害公众公司和股东合法权益的情形。

（2）重大资产重组所涉及的资产权属清晰，资产过户或者转移不存在法律障碍，相关债权债务处理合法；所购买的资产，应当为权属清晰的经营性资产。

（3）实施重大资产重组后有利于提高公众公司资产质量和增强持续经营能力，不存在可能导致公众公司重组后主要资产为现金或者无具体经营业务的情形。

（4）实施重大资产重组后有利于公众公司形成或者保持健全有效的法人治理结构。

新三板融资现状

2014年，在新三板有372家企业实施461次定向增发，融资总额238.4亿元。而2006年到2013年加总仅有138次定向增发，融资总额39.34亿元。

从这个数据来看，2014年新三板企业的融资总额是突飞猛进的。2015年的1—4月，新三板定增的融资总额达到120多亿元。

截至2015年4月9日，在新三板实际募集资金规模的分类，1亿元以上融资额的大概有35家公司，占总比例的5.02%；实际募集资金206.78亿元，占比64.02%。3000万到1亿之间大概有129家公司，占整个融资公司的18.51%；实际募集金额64.36亿元，占比19.93%。1000万到3000万共有227家公司，占比32.57%；实际募集金额37.52亿元，占比11.62%。500万到1000万之间共146家公司，占比21.23%；实际募资金额10.37亿元，占比 3.21%。500 万元以下共 158 家公司，占比 22.67%；实际募资金额 3.97 亿元，占比 1.23%。

从这些数据可发现，在新三板融资 200 多亿元的数额里，大概募集资金在 1 亿元以上的，数量只有 35 家，而截止 2015 年 4 月 9 日，挂牌新三板的企业大概有将近 3000 家，那么也就是 1% 的公司融资额度相对较大，所募集资金占到总金额的 64.02%，也意味着绝大部分企业现在还是小规模融资。

具有这样的特点是因为目前在新三板这个资本市场绝大部分企业还属于小企业，真正优质企业的数量并不是特别多，从资本追逐的角度来看，也就是处在塔尖的企业可以获得很好的融资。

何时做融资最好

从企业角度来讲，在融资过程中需要研究何时是最佳融资时机。一般来讲，在新三板挂牌的同时进行定向增发，或者挂牌以后到做市之前的一段时间进行定向增发，或者做市以后做定向增发都是可以的，只不过不同阶段是有区别的。挂牌前做定向增发，由于企业没挂牌、没做市，因此股价没有依据，这时企业的估值谈判类似于 PE 投资，需要双方来确定价格，这样的话，谈判的过程就会很长。一般很多中介或咨询机构都会建议在这个阶段如果不是特别缺钱，定向增发可以放到挂牌以后。

在挂牌以后采取协议转让的方式进行交易的，企业找到做市商以后开展定向增发的方式，这段时间里如果公司的现金流比较好，为避免对公司的股份有较大的稀释，可以选择对做市商定向增发，也可以尽快启动做市。如果公司急需资金扩大业务，可以在给做市商定向增发的同时引入其他的投资人，融资效率比较快，节省了谈判时间。

如果企业在做市以后定向增发，这时股票在二级市场是有定价的，公司可以在稀释较少股份的情况下融得更多资金。

所以，从上述三个时间段来看，什么时候做融资需要根据企业的经营状况以及对资本市场的总体规划来做安排。

新三板融资与市场情况总结与展望

2014年年底，全国中小企业股份转让系统有限责任公司副总经理、新闻发言人隋强在"新闻媒体沟通会"上发言，总结了2014年新三板大事记。根据其发言可知，2014年有三个时点具有里程碑式的意义：一是以1月26日首批企业登陆全国中小企业股份转让系统为标志，全国中小企业股份转让系统正式进入面向全国的常态化运行，市场服务范围快速实现深度覆盖；二是以5月19日交易结算系统平稳上线运行为标志，全国中小企业股份转让系统新交易结算制度落地实施，核心技术系统实现自主掌控、独立运行；三是以8月25日做市商业务顺利实施为标志，全国中小企业股份转让系统在我国证券市场首次成功引入做市制度，有效改善了市场运行质量。经过一年的努力，截至2014年12月12日，挂牌公司数量突破1500家，超过中小板和创业板上市公司之和；总市值突破4000亿元；融资突破两个"100亿元"，其中股票发行融资额与各合作银行共向挂牌公司提供贷款均超过100亿元。

2015年6月29日，《挂牌审查一般问题内核参考要点（试行）》发布，明确"新三板"挂牌审查应该重点关注的问题，以及相应的挂牌审查与信息披露标准，进一步提高了全国中小企业股份转让系统的挂牌审查与运行能力。

2015年7月22日，新三板迎来的历史性时刻。这一天，新三板挂牌家数达到2811家，而主板、中小板、创业板上市公司总数量却因救市停止IPO的原因被暂时定格在2800家，新三板挂牌数超过A股总和。尽管具有暂时性与偶然性，但这在一定意义上说明了新三板市场挂牌的顺畅性、坚挺性与确定性。即使在经济下行、股市波动的情况下，新三板仍能保持稳定，并实现数量的增长，反映出新三板挂牌企业的优质性与高成长性。

根据全国中小企业股份转让系统发布的官方数据，2013年新三板实现的融资金额为10亿元，2014年为132亿，而2015年半年内即实现317亿，对应742次的发行次数，平均每次融资金额4200万。2016年的融资总额预计以千亿来计算。新三板不仅在挂牌企业数量上有望超越其他平台，甚至在融资总额上也将名列前茅，不容小觑。随着九鼎投资等PE机构挂牌新三板市场，这一热潮将逐渐兴起；同时，九鼎投资也在2015年9月正式顺利入主A股上市公司中江地产，通过借壳上市登陆A股市场，未来也会有新三板的其他龙头企业陆续进入A股市场。转板制度也将不断发展与完善，会有越来越多成长较快、发展壮大的企业通过新三板逐渐登陆更大的市场。

2016年，新三板市场将会得到更多的政策红利与发展空间，做市商制度将进一步完善、范围进一步扩大；分层制度和竞价系统的推出，将会给新三板指数带来更大的涨幅，这是可以预见的新三板重大变化与机遇，更多的企业、中介机构和投融资机构势必进入新一轮的角逐与发展。

未来"新三板"将结合互联网金融，成为中小微企业特别是科技创新企业投融资的一个主要渠道。相比而言，新三板上市容量大、数量多、门槛低，许多专家与专业机构都有这样的声音，未来新三板将超过创业板，成为中国新技术、新模式、新材料相关企业上市首选，也是服务与激发中小微企业、科技创新企业活力最主要的市场。

融资过程中的股权激励

参考创业邦网站《拟上市公司股权激励基本模式》一文、相关法律法规文件、全国中小企业股份转让系统手册，我们简单谈一下对创新创业型中小微企业股权激励的意义、法律规定、基本模式与时机选择的理解。

股权激励的意义

股权激励是通过经营者获得公司股权的形式给予经营者一定的经济权利，使其能够以股东的身份参与企业决策、分享利润、承担风险，从而勤勉尽责地为公司长期发展服务的一种激励手段与方法。

股权激励的要点有：（1）激励模式的选择；（2）激励对象的确定；（3）购股资金的来源；（4）考核指标设计。

股权激励的要素有：目的、对象、模式、数量、价格、时间、来源、条件、机制。企业实施股权激励的时候需要将这些都考虑在内。

创新创业型中小微企业在发展中普遍面临人才、资金两大瓶颈，而股权激励是吸引人才的重要手段。全国中小企业股份转让系统支持挂牌公司以限定股票、期权等多种方式灵活实行股权激励计划。企业可以根据自身需要自主选择股权激励方式，只要履行信息披露即可。这为公司吸引、留住核心人才创造了条件。此外，由于挂牌公司股权有了公允的市场定价和顺畅的进出通道，这为股权激励的实施进一步提供了保障。

股权激励的法律规定

针对上市公司股权激励，中国证监会、国务院国资委等有关部门已出台了多部文件予以规范，但关于未上市公司的股权激励，我国目前并无专门法律规定，仅是在《公司法》第143条规定，经股东大会决议，股份有限公司可以收购本公司股份用于奖励给本公司职工，但不得超过本公司已发行股份总额的5%，并且用于收购的资金应当从公司的税后利润中支出，所收购的股份也应当在1年内转让给职工。由于《公司法》强制要求用于奖励公司职工的股份应当在1年内转让给职工，所以对于定位于对企业高管进行中长期激励的股权激励意义不大。

中国证监会目前对拟上市企业的上市前股权激励的基本态度为：基于对公司股权稳定性的考虑（尤其是要求发行人应当股权清晰，控股股东和受控股股东、实际控制人支配的股东持有的发行人股份不存在重大权属纠纷），要求公司上市前确定的股权激励计划必须执行完毕才能上市，或者终止该计划后再上市。

新三板申请挂牌公司在其股票挂牌前实施限制性股票或股票期权等股权激励计划且尚未行权完毕的，应当在公开转让说明书中披露股权激励计划等情况。

股权激励的基本模式

（1）业绩股票，是指在年初确定一个较为合理的业绩目标，如果激励对象到年末时达到预定的目标，则公司授予其一定数量的股票或提取一定的奖励基金购买公司股票。业绩股票的流通变现通常有时间和数量限制。

（2）股票期权，是公司授予激励对象的一种权利，激励对象可以在规定的时期内以事先确定的价格购买一定数量的本公司流通股票，也可以放弃这种权利。股票期权的行权也有时间和数量限制，且需激励对象自行为行权支出现金。目前，在我国有些上市公司中应用的虚拟股票期权是虚拟股票和股票期权的结合，即公司授予激励对象的是一种虚拟的股票认购权，激励对象行权后获得的是虚拟股票。

（3）虚拟股票，是指公司授予激励对象一种虚拟的股票，激励对象可以据此享受一定数量的分红权和股价升值收益，但没有所有权，没有表决权，不能转让和出售，在离开企业时自动失效。

（4）股票增值权，是公司授予激励对象的一种权利，如果公司股价上升，激励对象可通过行权获得相应数量的股价升值收益，激励对象不用为行权付出现金，行权后获得现金或等值的公司股票。

（5）限制性股票，是指事先授予激励对象一定数量的公司股票，但对股票的来源、抛售等有一些特殊限制，一般只有当激励对象完成特定目标（如扭亏为盈）后，激励对象才可抛售限制性股票并从中获益。

（6）延期支付，是指公司为激励对象设计一揽子薪酬收入计划，其中有一部分属于股权激励收入，股权激励收入不在当年发放，而是按公司股票公平市价折算成股票数量，在一定期限后，以公司股票的形式或根据届时股票市值以现金方式支付给激励对象。

（7）经营者/员工持股，是指让激励对象持有一定数量的本公司的股票，这些股票是公司无偿赠予激励对象的，或者是公司补贴激励对象购买的，或者是激励对象自行出资购买的。激励对象在股票升值时可以受益，在股票贬值时受到损失。

（8）管理层/员工收购，是指公司管理层或全体员工利用杠杆融资购买本公司的股份，成为公司股东，与其他股东风险共担、利益共享，从而改变公司的股权结构、控制权结构和资产结构，实现持股经营。

（9）账面价值增值权，具体分为购买型和虚拟型两种。购买型是指激励对象在期初按每股净资产值实际购买一定数量的公司股份，在期末再按每股净资产期末值回售给公司。虚拟型是指激励对象在期初不需支出资金，公司授予激励对象一定数量的名义股份，在期末根据公司每股净资产的增量和名义股份的数量来计算激励对象的收益，并据此向激励对象支付现金。

股权激励的时机选择

股权激励在股改之前、股改过程中或上市之后施行都可以，大多数企业均选择在股份制改造前的有限公司阶段，也有在股份公司阶段实施的案例。从利益最大化的角度来说，上市公司偏爱在股市周期低点、公司股价低估时推出股权激励方案。激励时间越靠前，越好解释，但企业应尽量避免上市前6个月内的火线入股。笔者建议在股改之前与股改过程中进行股权激励，当然具体施行还要基于企业的实际情况与现实需要。

为打消中国证监会对公司股权稳定性的疑虑，建议发行人在上市前完成或彻底终止股权激励计划（且不应当留下可能引起股权纠纷的后遗症）。最好是一次性实施完毕，干净彻底。

第七章

新三板上市企业的投后管理

　　从挂牌的企业数量及特性来分析,新三板已经到了必要的分层管理之时,与完善监管相关联的还有投资者适当性管理问题。投资者的适当性管理是新三板能够保持快速稳定发展的法宝。

据《国际金融报》记者宋璇 2014 年年底的报道，从 2013 年开始，众多投资机构开始转战新三板，这当中包括九鼎投资、深创投、达晨创投、中科招商等国内知名 PE。同时，中联睿银、中瑞华锦、中央新影资本等一大批新兴投资机构也转战这一市场。根据公开资料查询，2014 年，天星资本、中科招商、朗玛峰创投、深圳创新投、启迪创投、东方汇富、河北凤博、同创伟业等股权基金在新三板投资领域异常活跃，2015 年较 2014 年不同的是，券商、公募、阳光私募等大型机构投资者纷纷掘金新三板，新三板基金募集速度急剧加快。2015 年，鼎锋资产、歌斐、理成、少数派、理成资产、朱雀、宽客财富、新方程等私募纷纷布局新三板，南方基金、招商基金、华夏基金、海富通基金、南方基金、汇添富基金、兴业全球、上投摩根、财通基金、九泰基金、国寿安保等公募基金通过子公司或是专户渠道在新三板布局相关产品。券商、公募、阳光私募等国家军强势介入，势必带动更多的社会资本注入新三板。在"大众创业、万众创新"和建立多层级的资本市场体系大背景下，随着做市交易的日趋活跃和成熟、连续竞价交易在未来推出，新三板将迎来大踏步发展。

与此同时，企业创始人、股东与管理者首先应该改变观念，建立资本思维。中国的中小企业老板一直秉承利润思维，这种思维随着资本市场的发展应逐渐被资本思维取代。

资本思维：与资本共舞

新三板资本市场让中国小企业的资本思维不断增强。截至2015年7月，中国的中小企业有1900多万家，其中99%都不能上市，无法获得资金的支持。而中国民间资本，保守估计约有54万亿，大概有10万亿找不到投资渠道。

新三板为这批企业打开了通往资本市场的大门。笔者预计2018年新三板上市企业的数量将达到1万家，新三板投资基金通过吸纳社会资本，以股权投资的方式引领资本流向这些企业，资本通过灵敏的嗅觉筛选出那些未来有可能成为巨头的苗子，并不断进行培育。中国的中小企业也会意识到要找资本合作。而新三板就是这样一个交易市场，所以资本思维是一种开放思维、运作思维、放大思维。未来几年里，可以预见资本思维必将成为中国中小企业发展的关键思维。

资本思维跟企业家的实业思维有很大区别。资本追逐的最主要目标是获利，而且资本追求的目标并不是30年或50年的长线利润，而是3年、5年的短线获利。所以，迎合资本的诉求，与资本共舞，就是给中小企业、新三板企业的老板提出的一个要求与挑战。

企业资本投资通常来讲有战略性投资、财务性投资、合伙性投资、并购性投资四类。

（1）战略性投资，就是投资人不仅要提供资金，而且还要提供资源等把企业培育大，这种产业性、战略性的投资人对于辅助企业成长非常有好处。

（2）财务性投资，就是纯财务的投资，投资人提供资金，通过资本市场获利。

（3）合伙性投资，就是合伙人股东，股东不仅提供资金，还跟企业捆在一起干活，这样一种投资方式原则上来说是最有利的。

（4）并购性资本实际上是通过并购后在资本市场进行运作，获取资本收益的一种方式。

并购一般追求规模效应，追求领袖效应。就像当年德隆在资本市场上运作，一定要并购行业前茅企业，整合行业，形成具有一定垄断地位的龙头企业，然后再通过上市增发融资把钱拿回，再继续进行并购。

资本关注的主要就是投资的溢价、浮盈和退出，也就是说今天投入了1元，明天希望拿2元出来，这个钱将来一定要想办法退出来。而如果是并购基金，其并购投资的目标是行业整合以及再融资，同时提升市值和股价。

那么资本和产业既有一致的目标又有冲突的目标，一致的是双方都在追求最大化的资本回报，追求高利润，追求高成长性，追求企业的行业地位；冲突的地方是资本更短视，所以双方的关系更像情人而不是夫妻。双方是互相借力而不是合伙。资本运作本质上是通过财务杠杆，通过资本的一级市场、二级市场进行一些运作，最终实现资本运作价值的最大化。

投后管理的六大问题

截至 2015 年 10 月 27 日，新三板挂牌公司总数达 3837 家，融资总额达到 813 亿元。全国中小企业股份转让系统有限责任公司副总经理隋强表示，根据统计数据，从挂牌的企业数量以及特性来分析，新三板已经到了分层管理的必要时刻，而且与完善监管相关联的还有投资者适当性管理问题。投资者的适当性管理是新三板能够保持快速稳定发展的法宝，坚持适当性管理是全国中小企业股份转让系统有限责任公司工作的主基调。

投后管理在上市管理之中一直是比较薄弱的板块。企业在融资或者上市以后，实际上需要通过一些资本运作，以强化企业内部的管理，进而提升企业的资本价值。笔者认为投后管理简单地讲有六个方面：

（1）企业要有明晰的战略目标，即投后管理的战略问题。

（2）企业要有创新的商业模式，即投后管理的创新商业模式问题。

（3）企业应有精准的市场营销，即投后管理的市场营销问题。

（4）企业应有高效的团队结构，即投后管理的团队问题。

（5）企业应有联动的业绩指标，即投后管理的指标问题。

（6）企业应有专业的市值管理，即投后管理的市值管理问题。

投后管理的战略问题

上市是为了什么？本质是为了企业的持续发展。这是根本目标，企业需要借助资本的力量来完成这种使命。所以上市后应回归到企业本身，一定要研究企业自身的核心能力以及发展方向，所以有明晰的战略目标是非常重要的。很多老板、管理者自己对行业非常熟悉，也有自己的独特做法，但严格来说很多公司不具备战略管理能力。一个企业的成功要靠三个要素：三分靠运气，三分靠战略，四分靠执行力。所以，企业进入资本市场更需要明晰战略，一个战略清晰的公司才会有好的商业模式和精准的市场营销，战略是企业发展的根本。

近年来，经济环境变化非常快，主要表现为资本市场的变化与行业的变化。笔者认为，"实业＋资本＋产业升级"已成为当前企业发展的主要趋势和标准模板，原因如下：

第一，战略的失误造成了非常多的企业倒闭破产。很多经营数十年的传统产业中的企业在行业景气的时候，盲目进行固定资产投资。当行业开始衰退的时候，资金流就出现了问题，于是四处借贷，承受着企业难以背负的财务利息，最终导致企业破产重组。

第二，资本和战略是企业发展的两个关键要素。如果把企业比喻成汽车的话，资本只是汽油，而企业的战略和经营能力则是发动机。汽车能不能跑起来，取决于有没有一个好的发动机；如果发动机坏了，再好的汽油也无法让汽车跑起来。企业的战略决定着企业在未来的竞争力。

第三，战略对于资本市场中的企业来说非常重要，因为凡是与未来有关的预期都会影响企业的市值和股价。一个有战略的企业往往在思考未来而不是局限于现在。战略的核心在于构建独特的竞争能力，并保证企业持续增长。通过战略进行布局和规划目标是摆脱企业受行业周期影响，培育企业核心竞争能力，将竞争对手远远甩在后面的重要手段。

第四，越是行业环境剧烈动荡的年代，越需要企业有明晰的战略。当前实体经济正在经受互联网模式的巨大冲击，过去常用的商业模式必须变革。如果没有一个好的战略，企业在未来的两三年里就会面临被淘汰的风险。有战略的公司不一定能成功，但没有战略的公司则只能靠赌运。靠资源、勇气、运气可以发展的时代已经过去，战略才是企业成功最重要的法宝。

对于准备步入新三板市场的企业来说，战略能解决的问题有以下几类：

第一，一个好的战略可以让企业未来发展前景明晰。新三板市场对企业的经营能力和竞争力要求比较高，而一个好的战略能够保证企业在未来的三到五年里成为行业的领导者，成功构建竞争壁垒。

比较知名的案例是和君咨询，目前它在行业内已经处于遥遥领先的位置，而在2002年的时候公司却只有几十人。和君咨询今天有2000多人，并形成良性互动的"三驾马车"：和君咨询、和君资本、和君商学院，而且和君商学院在2015年已经上市。为什么一个咨询公司在很短的时间里能够快速发展并且遥遥领先？这与企业领导人进行的战略布局密不可分。

和君商学院初期通过免费的方式，从清华、北大等名校找一些金融与管理相关专业毕业的学生进行培养。当时免费的培训，在今天30万依然报不上名。很多咨询师都是商学院培养的学生，咨询公司出来的客户又成为商学院的学员。和君资本约有50多亿的资本，而和君商学院和和君咨询的客户又成为和君资本的投资人和项目来源。一个能够谋划未来的战略家容易把企业做成功，而且能够保证企业长期、持续发展。

第二，一个好的战略可以使企业从务虚走向务实。尤其是企业走入资本市场以后，实施企业战略的每一个举措都能够看得到，通过股价和市值这种数据化的指标是非常容易看到企业战略能力的，当年的德隆就是典型案例。

第三，战略的放大效应。走入资本市场以后，战略实施的效果会被明显放大，尤其是并购战略会明显地拉动企业市值。

第四，战略可以解决产品的经营能力，也可以解决产业的整合能力，以及资本经营的能力。

竞争战略的提出者迈克·波特教授，提出的三大基本竞争战略是成本领先战略、集中化战略、差异化战略。这三大战略实际上都是基于大工业时代的产物，而在互联网时代，很多互联网企业的玩法和商业模式都不是这些传统套路能够覆盖的。在互联网时代，应该有全新的战略体系，战略标准模板应该从"实业"走向"实业＋资本＋互联网"。那么，该如何理解"互联网＋"呢？

第一，传统产业转型势在必行。很多传统产业的管理者在"互联网＋"时代如坐针毡，这是因为传统企业再不变革就会失去市场，最终走向消亡。互联网是一种思维模式，用户思维、流量思维、迭代思维、跨界思维、平台思维、极致思维、大数据思维等，形成的新玩法不断冲击和颠覆传统产业的固有模式，并攻城略地，占领了许多传统产业经营了几十年的领地。移动互联网随着 4G 技术的普及，占中国网民较大比例的 90 后消费群体正在成为主力军。这一代网民是伴随着互联网成长起来的，他们的消费习惯、思维习惯早已融入互联网并已经成为互联网消费的主力军。谁能够抓住这批消费者，谁就能拥有未来。传统产业是否需要转型已不是问题，该如何转型才是企业家关注的重点。转型能否成功已经成为政府领导、经济学家、产业家、金融家、互联网行业以及老百姓关心的重大问题。

第二，互联网经济能攻城略地，实际上是因为互联网模式具有传统产业不可比拟的强大优势。首先，互联网企业比传统企业信息更加对称，具有体验感好、低成本、去中介化、便捷的用户优势。换句话说，互联网可以最大限度地降低用户成本，提高用户满意度，这也是传统商家很难与互联网企业竞争的关键因素；其次，互联网的免费模式正在冲击传统的生意，冲击传统的商业模式。互联网的免费思维、去中介化思维，使传统行业中大量的中介环节参与者纷纷出局，游戏规则的制定权，正在从传统行业移交到互联网行业。

第三，懒人经济时代到来，物流速度，以及O2O（online to offline 线上到线下）上门速度和质量正在成为关键要素。O2O的各类服务正在成为互联网大举进攻的另一个战场。可以预见，未来的店铺数量、传统产业的从业人员将不断减少，实体店仅仅保留一些展示和体验的功能。传统商贸行业和商贸流通业的巨大流通成本使其竞争力日渐衰落。面对互联网产业的进攻，大量的传统产业也在觉醒。

但同时，我们也要看到，传统产业在"互联网+"日益壮大的过程中，仍具备很强的优势。

第一，传统产业有大量具有丰富专业知识和经验的人才，他们积淀了较强的能力，这也正是产、供、研、销各个环节的业务所需要的。

第二，传统行业向互联网升级比互联网行业进入传统行业有更大的优势。在业务层面，传统行业按照互联网思维升级只需要解决思维创新的问题，其他业务问题不是难点。

所以，未来三到五年，不是互联网企业侵占传统行业领地，而是传统行业觉醒大潮的到来。传统行业会不断地与互联网融合，并且势不可当地深入互联网领域，传统产业主动借助互联网模式进行"互联网+"转型升级的力量，要远远超过互联网产业对传统产业的侵蚀力量。如果你是一家实业企业，那就应该朝着"实业＋资本＋互联网"的方向转型。

投后管理的创新商业模式问题

对商业模式优％的评判有三大标准：

第一，商业模式成功与否，要看其能否摧垮传统的商业模式。

第二，商业模式本身能否被复制。如果对手能轻而易举地复制，就不是好的、可持续的商业模式。

第三，创新的商业模式必须能构建新的游戏规则。原来与企业交易和合作的对象已经习惯了某种交易和合作方式，如果按照创新模式去做，一定会打破原来的旧模式，产生一个新的模式。企业必须确立新模式的游戏规则，必须使企业的伙伴和交易对手都能够很愉悦地接受新的游戏规则，这样的商业模式才能够成功。

在商业模式的实施过程中，其要点是"快"。在互联网时代，一个商业模式很难一直不被复制，所以企业必须通过"资本＋优秀的人才"迅速地把商业模式实践出来，从而成为行业领袖。

现在，很多人都在探讨商业模式升级的方向，笔者总结有以下四个升级方向：

第一，从实业向互联网的方向升级。现在大量的传统产业都在做App、做各种互联网的服务。懒人经济到来以后，这种互联网模式确实击中传统产业高成本的软肋。以对传统卖菜行业的冲击为例，2014年三个中国人民大学刚毕业的学生创办了一家互联网公司，做的是净菜，把菜切好，把调料配好。在网上提前一天预订，第二天到地铁口一扫二维码就可以把菜带回家，回家后下锅5分钟就可以吃了。从这个案例来看，卖菜这种行业都已经互联网化了,互联网确实已经渗透到中国的所有产业、所有行业、所有领域。

第二,行业平台的整合方向,也就是抱团取暖的方向。笔者所在团队曾给河北石家庄市的一个日化企业做咨询、指导,这家企业创立了十几年的时间,生产的是日化产品,产值一直维持在1亿元左右,几乎没有增长。他们找专家研究企业如何向互联网升级转型。经过团队调研之后,发现企业的流通渠道成本太高,建议做一个工超对接,也就是电商做什么,企业就做什么。用一年多时间,这家日化企业整合了河北省以及国内17个省市的超市会员300多家,免费为超市做所有的服务,跟超市建立关系。同时,成立电商平台,通过集中采购的方式压低成本,最终使企业不仅仅是销售自己的产品,而且已经开始销售超市所需的三大类产品,即生鲜食品、常温食品和日用百货品。企业完全从一个生产日化的工业企业过渡到一个消费品流通领域的电商平台。该企业的销售额从1个亿激增至9个亿,仅花了9个月的时间,同时它也是国内唯一一家跟超市100%结款的企业。该企业后来在北京召开会议,沃尔玛、家乐福、物美的相关管理人员都来交流、取经。为什么一个小小的制造业企业能够吸引这么多的巨头来参加,这不是因为企业老板的魅力,而是商业模式的力量。

第三,产融结合。现在的实体经济不太景气,而金融行业实际上是可以规避行业周期的,所以一定要做互补,就是说做实体产业的也应该研究如何进入金融领域,如何让产业和金融结合。

第四,沿着技术方向创新企业的商业模式。例如华为,不断地通过技术创新,成为资本市场的佼佼者。

总的来说,互联网用了三年的时间侵占了传统产业大概二三十年的领地,来势汹汹,感觉上是难以招架。虽然现在传统产业向互联网升级正在兴起,但是传统产业具备的一些特点远非互联网企业能涵盖，远非搞互联网的人能轻易解决。传统产业应主动借助互联网产业进行转型升级，掀起新一轮的转型高潮，并最终实现融合。未来没有所谓互联网产业和传统产业的分别，而只有新型的产业企业与不适应时代发展、不愿转型升级的企业的区别，真正的"互联网+"时代将会到来。

投后管理的市场营销问题

在过去的20年里，消费品营销模式先后出现了"广告+销售""策划+销售""网络+销售""免费+增值服务""粉丝经济+网络销售""平台会员+销售""连锁终端+销售"等若干种形态。从形态的变更中，可以看营销的发展趋势，这中间有几个要点值得关注：

一是，消费者的主导权、话语权以及地位越来越强，靠广告忽悠消费者的年代已经过去了。互联网时代，消费者成为平台化的群体，用户体验成为销售的核心。传统的4p营销理论正在不断被丰富更新。

二是，降低流通成本，进行流通革命成为新时代的趋势。如果说大生产时代着力于降低生产成本，那么今后5年的着力点在降低流通成本。互联网促发流通成本的变革。

三是，营销绝不仅仅是把东西卖出去那么简单。营销重在"营"上，"其目标是使销售变得简单。过去的营销是搏击，谁孔武有力谁就占上风。现在的营销是打仗，谁有战略战术谁才能赢得上风。让客户主动购买，甚者抢着购买你的产品，这才是营销的核心。因此，营销也不能单纯地为了营销而营销，企业一定要有自己的营销战略。

很多企业都把营销当作头痛的问题，这是因为行业内出现了产能过剩的状况。产品相类似，商业模式相同，这样的情景之下进行竞争，只能是价格拼杀。结果是，你死我活，谁都不会挣到钱。今天，我们谈投后管理的营销问题，首先要关注的就是行业变革的问题，关注企业营销战略的问题。

第一，投后管理的营销战略。企业常感叹，营销手段已经够多了，但越来越难以奏效，过去那种靠做广告包打天下的时代已经一去不返。营销战略已经变成与商业模式同等重要的问题。

威纳邦是一家做传统日化用品的企业，曾找笔者研究它的营销问题。笔者认为日化行业传统营销模式已经很难抵御互联网的冲击，于是建议企业进行转型升级，从一家单纯的工业制造企业转型成为一家电商平台，不仅仅卖自己的产品，还通过工超对接、行业资源的整合，转型卖超市所有的产品，做客户服务。转型后，其营销业绩从1个亿增长到10个亿，花了仅仅9个月时间，成为国内为数不多的与超市百分之百结款的企业。

从这个案例来看，投后管理的营销问题首先是营销模式的变革问题，是企业营销战略的问题。

第二，投后管理的营销模式创新。80后甚至90后已经成为主导消费力量。他们的消费习惯、消费特点完全不同于上一代人。懒人经济的时代已经到来，互联网的免费模式也冲击着传统营销，O2O营销方式正在改变着中国的消费格局。产品的品牌、质量、口碑、体验感也变得越来越重要。营销必须不断创新才能适合这些潮流，谁不进行营销模式的创新，谁就会死在沙滩里。

第三，投后管理的营销管控问题。有一家在行业材料领域非常出名的企业，依托技术创新，企业飞速发展。但因营销管控不力，企业从一家极有潜力的创新公司，逐渐变成准贸易型公司。原来，由于老板比较注重营销，企业以销售导向，逐渐形成以销售为主的企业文化。销售人员受现实利益驱动，开始偷着销售其他产品，甚至是竞争对手的产品。海外营销中心的老总公然蔑视和对抗公司的决策和政策，销售人员绑架了整个公司。

这是一个典型的因缺乏营销管控，导致公司目标模糊的案例。从该企业所处行业的国际标杆企业看，没有一个企业是因为只具有较强的销售能力就能成为国际领袖的。该企业由于缺乏明晰的战略，导致制定错误的管控目标，加之不合理的治理与决策机制，最终导致管控不能成为战略落地的有效支撑。

第四，投后管理的品牌问题。行业发展分化会出现马太效应，也就是，强者恒强的局面会出现。当一个企业成为行业第一的时候，会有很多资源涌过来。品牌是使企业的销售变得简单的唯一法宝。品牌的影响力，根源在于产品。现在，产品更新速度非常快，维护品牌的知名度和美誉度也相当不容易。如果产品不行，仅靠互联网手段炒作，最终只会是昙花一现。营销要想形成长期持续的能力，必须依托不断的技术研发和过硬的质量控制系统。

在企业的快速发展阶段，营销非常重要。当企业介入资本市场后，营销会变得愈发重要。因为营销业绩与股价、市值、股票的流动性都有密切关系。在企业的管理系统中，营销和并购将成为企业业绩增长的两大重要因素，能够给投资人带来切实的、高增长的回报。

投后管理的团队问题

任何一个企业都需要搭好班子，那么哪种团队才是一个好的、优秀的团队，笔者认为至少符合以下三条：

第一，领导人不封顶。领袖封顶理论，是指领导人的水平有多高，企业的水平就会有多高；领导的素质高，企业的素质就会高；领导的水平低，企业水平也会低。按此理论，一个企业能不能长远地发展，取决于领导人的思维，尤其是在中国这样的经济环境中，企业的成功往往是领导人本人战略思维的成功。

第二，好的团队必须是能力互补的。《西游记》中的四个人物，各有特点又相互补充，形成了一个完美的团队。唐僧往往被认为很迂腐，但他作为领导人，最大的优点在于目标永远是坚定的、意志是顽强的。孙悟空能征善战，但其实很多时候他都是请观音或如来去解决困难，所以这个人物实际上是通过大闹天宫积累了很多上层人脉。猪八戒好吃懒做，其实他是团队的润滑剂。西游记中孙悟空三次回花果山，都是猪八戒去请回来的，平常在团队中也能够调和团队关系，活跃团队气氛。还有一个重要的人物沙和尚，虽然他做的事情很小，就是牵马挑担，但是都是最基本的，不可或缺。

第三，好的团队必须有创新精神。团队的凝聚力取决于团队的信仰，好的团队能够吸引资本的加入。投企业首先看的是领导，看的是团队，看的是他们的素质，往往财务指标是第二位的。

投后管理的指标问题

企业上新三板的最大好处，是从从产品经营走向资本经营。一旦决定走上资本市场，企业的考核指标便会发生重大变化。

传统的企业财务指标是收入、利润、利润率、成长性等，这些指标可以反映企业的经营状况。而衡量企业资本价值的指标是市值、市盈率、股票的流动性、股价等。这其中的重大区别是，会经营产品业务不代表会经营资本业务。

经营产品业务的核心是技术开发、生产销售、客户管理等，其目标是实现经营利润的提升。而经营资本业务的核心是做市管理、市值管理、投资融资管理、收购兼并重组、转板运作等，其目标是提升企业市值。

做不了市场的企业如何培育做市条件？如何以较低的代价获得较高的融资？如何通过资本运作的组合拳实现企业市值的快速增长？如何进入集合竞价系统，进入转板绿色通道？如何通过并购手段进行市值扩张？这一系列问题都不是原来做产品的时候所要思考的问题。这个阶段需要懂资本运作的专家团队指导企业进行资本经营。

从这个意义上讲，企业家决定走资本市场，必须从产品型企业家走向资本型企业家，整个团队的战略目标会发生一些质的转变。企业的并购会变得越来越频繁。企业的财务管理会变得越来越重要，企业对高管团队的激励考核会以 EVA（Economic Value Added；经济增加值）评价体系为核心内容。

上市企业家必须明白，我们的战略不仅有产品战略，也要有产业战略和资本战略；我们的指标体系不仅有收入、利润、增长性，更要有市值、股价、流动性等。

投后管理的市值管理问题

企业市值管理有五大核心：

第一，企业决定上市，成为上市公司，必须研究做市管理的问题，因为做市管理是一个很重要的领域，没有做市商给企业做市，融资等就会十分艰难。

第二，上市公司应该研究企业的融资问题。什么阶段融资、融资额多少、何时增发，均与企业股价和市值息息相关，这一套运作应有一套市值管理的方法，所以企业融资的问题是企业市值管理的重要内容。

第三，企业要有自己业务之外的投资。作为一家上市公司，不仅要有自己的产业经营，而且要研究项目投资问题。例如，腾讯拥有15个业务板块，在关联的行业已经投资了很多企业，这也是产融结合的重要代表，意味着上市企业除了自营之外，还需要投资其他公司。

第四，企业一定要研究资本规划的问题。资本规划就是资本经营的问题，就像做产品经营，资本经营也是要把股权作为产品来经营好，把企业做大做强。

第五，上市公司必须要研究收购兼并问题。截至2015年第一季度，在新三板市场，企业被兼并的数量有100多家，新三板企业兼并其他企业的大概有70多家，所以一旦企业决定成为上市公司，收购兼并就是需要研究和逐步推行的。

投后管理也就是说当企业融资后钱投资到哪里最好，很多企业上市后没有规划地投资，有的甚至不用于自己的经营，这显然没有很好地利用资本的价值。所以，上市公司需要研究好投后管理，以实现自己的战略。笔者建议，企业应该把大量的资金投入到产品研发和营销渠道等方面。

新三板私人董事会模式

根据中国经济网等多家媒体报道内容及业内各家私董会资料，最早在1957年，美国割草机公司总裁罗伯特·诺斯（Robert Nourse）在美国创办了第一个总裁圆桌小组，这就是私人董事会的前身。

诺斯的初衷，是为老板们提供一个相互切磋、智慧碰撞的平台，将一些没有竞争关系、利害冲突的企业总裁结合成小组，每月定期举办会议，让他们成为彼此的"董事会成员"。以他山之石，来及时发现问题、降低决策风险，从而让企业抓住机遇、发展更加顺利。诺斯以"总裁圆桌小组"的形式将他的想法呈现出来，随即得到众多老板们的欢迎，尤其是没有正式董事会机构的中小企业，他们急需视野一致、身份共鸣、经验丰富的智囊团来交流经营管理中的问题。

50多年来，这种形式已逐步发展成为一项专业服务，名称也更改为更能确切表达其含义的"私人董事会"（Private Board/CEO Group）。如今，这一服务已遍布北美、欧洲、大洋洲等的发达国家。据不完全统计，在这些地方，已经有50多万总裁拥有自己的私人董事会。

中国引进"私人董事会"服务较晚，但发展却有更快、更高的"中国速度"。2006年，中国第一家私人董事会专业服务机构——五五（5&5）成立，将美国私人董事会的服务引进中国。

私人董事会服务在中国的迅速蔓延，与全球化背景下中国经济的迅猛发展息息相关，而金融危机余波未了也使企业家们对这项服务的需求更加迫切。中国私人董事会服务在中国的领跑者——5&5私人董事会COO佳砚曾在接受媒体采访时表示，私人董事会服务在引进过程中，不可避免地遭遇过本土化难题。譬如中国人不像欧美人那么爱说，相反更爱听，生怕泄露了商业机密；中国企业家更看重人脉和资源对企业成功的帮助；等等。

为此，除了秉持身份共鸣、多样性、独立性、私密性四大原则，中国企业家的私人董事会，比欧美国家更加注重信任构建和增值服务，比如严格把控企业家从入会资格到讨论过程的专业化操作，规避有商业利益冲突的企业家们；改造传统单一的私人董事会小组讨论形式，增加总裁论坛；提供增值服务；等等。

私人董事会的入围标准严格，只接受总裁级别的企业家；在分组讨论时，坚持身份共鸣原则、非利益冲突原则、私密性原则；将企业家分成小组，每组10～16人，都有专业的主持人。同时，还设有由企业家导师、投融资专家委员、经管专家组成的资源团。股权、资金、业务资源、社区服务等都是针对企业主需求增加的增值服务。

更注重信任构建、增加增值服务的私人董事会服务，弥补了中国企业家在心理上的不安全感，满足了其在资金、人脉等资源方面的需求。据资料显示，现在，在北京、上海、广州等一线城市，私人董事会已成为继EMBA、总裁俱乐部之后最受企业家欢迎的深度沟通、实战交流的平台。

私人董事会在中国有了一定程度的发展，而在新三板领域，特别是针对中小微企业、高新科技企业、创新企业的私人董事会模式还有待扩充与发展。

笔者在参与整个新三板的运作过程中发现企业有一些痛点。因为一般来讲，券商只管解决挂牌问题，券商和企业是甲乙方关系，定价权在券商手里，也即企业挂牌过程中，估值是券商定的；而券商以后要给企业定向增发甚至做市，往往有天然冲动把企业往低评估定价，而且新三板的企业估值比较难，这样企业会在定价环节面临很多问题，没有人站在甲方的角度思考问题。

在帮助小微企业融资发展方面，传统的PE、VC、创投的做法是"投钱管理"，缺乏投后管理，而投后管理在某种程度上应该是新三板投资的核心，也是未来最能考察投资者专业能力的关键。目前，整个新三板链条里，在新三板培训、辅导、挂牌、投资和投后管理等业务价值链中，前几个环节参与、运作的机构非常多，但是在投后管理领域，既懂资本又懂管理的机构寥寥无几，供给比较短缺，但需求却比较旺盛。在此过程中，企业的痛点，包括上市前期的决策问题、上市条件的梳理问题、中期定价估值问题、业绩增长问题、融资后并购问题、后端投后管理问题以及股东财富效应问题，都将成为上市以及资本运作中的痛点。在这些痛点中，没有一方的智囊团会自觉地站在企业一边，并专业化地解决这些问题。

所以，笔者一直在倡导"新三板私人董事会"这种服务模式。一般来讲，这种服务模式由以下人员组成：3家准备挂牌上市的企业老板，加上董秘，搭配律师1人、券商1人、会计师1人，新三板已经挂牌的CEO或者董事长1人，资本运营专家1~2人，投资基金负责人1人，品牌加营销专家1人，以及战略家投后管理专家1人。大家一起合作，重点来解决挂牌前挂牌条件培育，以及上市前的诊断问题，深入现场梳理挂牌条件，在上市过程中代表甲方推介上市资源。同时，因为排队等待券商签约的企业很多，私人董事会希望通过运作缩短上市周期，同时破解企业内部有关上市的硬伤；在主办券商进行定价的过程中，代表企业的利益进行评估定价谈判；帮助企业找一些领投机构或者直投到企业去定向增发，推介一些上市资源；在整个定向增发过程中的方案设计，包括融资的法律问题，都由专家团提出相应的意见和建议。

在上市之后，通过品牌营销的方式提供一系列方案，如：全周期的资本规划以及投后管理，高管的股权激励方案，并购重组方案，以及股东的财富规划等课题，拉升企业成长指标，而这些都是由私人董事会的专家和企业家一起来完成的。总而言之，希望私人董事会这种服务模式成为中国新三板资本市场上市和资本管理的第一品牌，解决中国新三板企业的痛点，将专家的价值转化为资本价值。

附录

新三板市场上腾飞的"天润康隆"

北京天润康隆科技股份有限公司（股票代码：430342）成立于2005年，注册在海淀区上地国际科技创业园，是一家中关村高科技创新企业。自成立以来，致力于节能、环保领域的创新产品的研发和销售，主营可拆卸式玻璃钢保温罩壳、汽轮机柔性保温衣、微孔岩吸隔声板等系列节能、环保产品。其产品广泛应用于石油、化工、电力、冶金、交通等行业。2012年12月完成股份制改制，2013年11月1日以1元／股，总股本820万股为初始资本，成功挂牌新三板。

天润康隆异型保温产品在石油、化工的细分市场排名第一、电力细分市场排名前三。2014年9月5日，其环保创新产品"微孔岩吸隔声板"技术水平被科技部评为"国际先进"，填补了国内行业空白。此外，天润康隆还正在申请"国家重点新产品计划""863国家高技术研究发展计划"等。

起步石化业异型保温，弱水三千只取一瓢饮

从石化行业的异型保温材料起步，到在市场站稳脚跟，再到向降噪产品研发生产的转型升级，天润康隆在不被关注的行业里，为人们演绎了一部民营企业成长的连续剧。

应当承认，这是一个至今也为很多人不熟悉的行业。电力、石化、冶金等热力系统的诸多行业都需要加热程序，这导致凡是100摄氏度以上的操作环境都需要保温，一方面降低能耗，另一方面也避免烫伤。以前者为例，从热电厂到下游用热地点的管线长度往往达数十公里，如不进行保温操作，将直接影响用热装置的正常运行。然而在所有保温系统中，经常由于检修等原因，有拆卸情况出现。比如电厂的汽轮机、石化企业的阀门等，拆卸后外皮将销毁，无法重复利用。与此同时，一些边角不规则的地方则常常由于保温效果不好，而使热量白白流失，甚至影响了下游作业。

时光倒转至此前十年，天润康隆创始人苗永康先生看到了具有"不规则"和"可拆卸"特点的异型保温材料的商机。彼时，国内为数不多的异型保温公司多将业务集中在发电厂，石化领域几乎一片空白。在找准石化领域异型保温材料这个切入点后，他注册成立了天润康隆公司，五年前他还在甘肃省电力局，由此实现了由电网规划工程师向董事长的身份转变。

严格以市场导向做产品，这是天润康隆的法宝之一。最具代表性的例子当属兰州石化项目，由于其原油来源复杂，各种原油含硫量不同，炼化过程所需温度也不一样，每次油种的变化都会导致相关设备的拆卸。了解需求后，天润康隆立即组织技术研发，推出了一种让客户十分满意的"可拆卸异型阀门"，一个规格为DN100的阀门，一年的热能损耗可节省8吨标准煤。兰州石化的信任，成就了天润康隆成立后的第一单生意。兰州石化被誉为新中国炼油工业和石化工业的"摇篮"，由于其示范效应，此后天润康隆的异型保温材料业务在电力、石化等其他国有企业中形成口碑。目前，包括中石油兰州石化、四川石化、独山子石化等多家大型国企都将设备异型保温项目交给了这家不起眼的公司来做。

如果说了解市场是专注的前提,那么产品创新就是专注的基础。天润康隆极其重视技术革新,如阀门、封头等外形不规则设备在高温的地方保温效果不好,天润康隆就专门创新了一种"开模式"保温方法,根据设备原本形状先设计模具再制造外壳,从而达到保温效果;汽轮机和阀门不同,上面管线多、工况复杂,天润康隆就专门研制"快速拆装式柔性保温衣"用于汽轮机的保温。凭借多项技术专利,天润康隆将业务范围从石化领域延伸到发电厂的汽轮机,其他产品也是如此。以柔性保温衣为例,国内只有几家企业在做软质保温,天润康隆则是在这个细分领域做得较早、市场占有率较高的企业。

技术革新、资本助力,保温降噪业务转型

2011年,基于银行流水和公司业绩不错,一些券商通过中关村科技园区管理委员会找到天润康隆,提出了上新三板的意向。当时的公司上下都没有任何心理准备,感觉上市是一件很遥远的事情。但苗永康董事长,深深体会到了企业发展就像逆水行舟,不进则退;企业不进取,就会被超越、被吞并,因此必须勇往直前。天润康隆由此开始了新三板上市之路。经历长达两年的艰难跋涉,天润康隆于2013年11月1日在全国中小企业股份转让系统敲响了上市的大钟,成功挂牌新三板。

经瑞华会计师事务所审计,2014年,天润康隆营业收入35877337.26元,较上一年同期增长18.23%,归属挂牌公司股东净利润5140350.85元,较上一年同期增长62.92%。截止2014年年报期末,公司总资产75024439.56元,净资产28384967.22元,每股收益0.58元,每股净资产3.21元。据2015年4月1日"登陆新三板"发布的信息,当时新三板平均市盈率达到了36倍以上,若按30倍计算,公司预计市场价格将已达17.4元/股。

新三板挂牌后，天润康隆的知名度大大提升，公司上下明显感受到了与以往的区别。首先，公司经营管理更加规范，而且在人员招聘上，上市公司明显受到了各种人才的青睐；其次，公司获得银行贷款更为容易，还吸引了不少社会资本的关注，融资渠道更加多样；再次，资本市场不断有利好政策出台，国务院决定新三板成为全国性证券交易所，即沪深证券交易所外的第三个全国性证券所，符合上市条件的，无须证监会审核直接上市。这成为天润康隆加速发展步伐的信心和动力。

2015年6月4日，天润康隆已完成两轮定向增发，增发560万股（融资1120万元），总股本1380万元（万股）。10月，天润康隆已成功完成第三、第四轮融资，释放300万股，募集资金2400万元人民币，其中，天星资本投资1500万元，签订投资协议，这又成为公司一个重要的里程碑。天星资本的负责人在签约仪式上说："天润康隆的产品确实不错，节能环保领域，符合国家大的产业方向，且在细分行业属于龙头老大，市场容量极大。作为公司领头羊的苗永康董事长，十年磨一剑，致力于企业发展的精神及为人处世的态度，这些正是我们看中并投资公司的众多亮点所在。"

同时，天润康隆在2014年11月参加的《你就是奇迹》千人创业峰会暨优秀创新项目展览会上,以"微孔岩吸隔声板"项目,成功晋级全国 16 强,后又成功晋级前 8 强,并在全国总决赛销售能力考核中取得了第三名的好成绩;同年 11 月,公司总经理谢惠丽女士作为客座嘉宾参加了《实战商学院》节目的录制,该节目为央视财经频道重磅推出的年度巨制企业实战管理栏目;2015 年 7 月,公司参加了央视证券资讯频道《价值新发现》的商业路演;等等。一系列的商业活动极大提高了公司的知名度。

降噪市场今后必然会呈几何级别增长,借助市场前景及已挂牌新三板之东风,天润康隆将展翅高飞。

腾飞的天润康隆

目前,国家为了拉动内需,大量新建交通领域,比如高铁、城铁、地铁。以城际铁路为例,国家投入的全部资金 9 千亿,相当于最近三年所有铁路的投资量,华东地区投资 500 个亿,山东地区投资 1500 亿。"十二五"期间共投资 2.8 万亿,现在"十三五"期间铁路投资量还将继续扩大,并且"一带一路"的方针正在落实。2015 年 6 月,国家发改委秘书长在行业发布会上表示,预计 2015 年全国城市轨道交通总投资将达 3000 亿元,其中,城市轨道交通发展与安防、节能之路将作为工作重点,当务之急,尤其是要解决城市轨道交通降噪减震技术。天润康隆的产品赶上了大发展契机,符合国家产业发展大方向,符合目前经济形势。

新三板上市期间,天润康隆与清华大学、美国声与振动研究所(USVI)分别签订了战略合作协议,与清华大学共同研发出了微孔岩吸隔声板这一环保产品。该产品的原材料是天然沙粒,这一产品最大的特色就是"变废为宝"。产品将沙粒和硅基聚合剂组合在一起,生产过程中完全采用物理学的"自然风干法",生产过程几乎不用电,用水量也极少。该产品属于石材类隔音板,硬度非常强,防火、防水、耐老化、抗冻融、绿色环保,能降低噪音带给人们的危害和污染,本身价值不可估量;广泛应用于地铁、城铁、高铁、高速公路、城市道路、大型公共机构、场馆、影剧院、报告厅等重点项目。

目前，在地铁、高铁、城市道路领域等，公司均已与国内客户建立了良好的合作基础，届时将通过创新的营销模式在国家重点特大型工程上取得较高的市场份额，并以此为商业模式，复制扩展至其他项目上。同时，积极推进国际业务，如哈萨克斯坦世博会项目、美国高铁项目第四标段声屏障项目，均与公司建立了合作意向。

借此东风，天润康隆不仅要进一步在节能环保行业迈出快速而又稳健的步伐，更要以社会责任为己任。

作为较早登陆新三板的高科技创新企业，天润康隆亲身经历了新三板市场，不断在该板块中受益，收获了不少经验，有很深的体会：

企业能在新三板市场上实现价格发现、融资，完全实现登陆主板功能，尤其做市商制度的实施以及新三板已成为全国性证券交易所，凡符合上市条件的，无须证监会审核直接上市，这些重磅利好对于有着上市梦想的企业是最佳的选择。

新三板挂牌时间快，周期6～8个月，目前IPO排队企业众多，即使现在报材料也需要到2017年下半年才能上市。现阶段上市新三板是明智选择。

新三板挂牌费用低，与主板几千万元的收费比，新三板仅仅需要一两百万元的费用。而且众多的政策补贴，使得早期可以实现零成本挂牌，现在可以低成本挂牌。

新三板采用备案制，主办券商判断企业是否符合挂牌条件，全国中小企业股份转让系统有限责任公司仅作形式审核，无须经过证监会发行审核委员会审核。

挂牌后，在优化治理、融资、激励效应、提升品牌、价值发现五个方面对于优质的高科技创新企业有着深远而重大的意义。

想到即可得到

——云媒股份与您共启智能化商业时代

助力 O2O 模式快速落地

2010 年，团购开始风靡网络，O2O 一词进入人们的视野。消费者最初还有些怀疑，而今已是释放巨大的热情，企业的态度也从犹豫转变为将其定为发展策略。愈来愈多的行业涉足 O2O，餐饮、教育、医疗、美容、家政、社区服务等。曾有人笑谈，"不谈 O2O 你就 out 了。"虽是一句玩笑，却也说明了 O2O 市场的火热。可以说，市场的发展和商业趋势让 O2O 这种商业模式成为必然。但 O2O 模式对企业也是一种挑战。企业必须线上、线下两条腿走路，既重视服务，又完善用户体验，才能在激烈的竞争中走到最后。

山东云媒软件股份有限公司研发的智能化商业系统，是利用现代信息技术，将传统商业模式与电子商务模式进行高效融合而产生的智能化运营系统，该系统是基于 O2O 运营模式下的产业垂直管理工具，在实现多种社区生活服务功能的同时，将线下实体店与线上网店、微店的管理完美融合，实现企业主一键多店优化管理，是 O2O 模式快速落地的必备模式。

云媒股份是中国领先的智能化商业系统提供商，主营业务为以智能化商业系统和智能物流园区管理系统为核心的软、硬件产品及服务。公司是专业从事物联网和企业信息化服务综合解决方案的提供商，专注于企业信息化服务、物联网技术应用、云计算及系统集成的开发与创新，实现移动互联网时代的 O2O 落地，为国内中小企业提供领先的一站式网络信息技术综合解决方案及专业服务，推动企业互联网应用和中国网络文化产业的高速发展。

云媒股份在信息化技术领域获得了十余项国家发明专利、二十余项著作权。公司具备《网络文化经营许可经营证》，可以做游戏虚拟货币的业务经营。

公司致力于实现"物流、信息流、资金流、业务流、用户流"五流合一的闭环商业模式。

抓住市场先机

云媒股份成立于2009年，当时很多人还没看到未来智能化、社区化的发展趋势。公司高层高瞻远瞩，从少量的信息中发现了未来的商机。云媒股份董事长王静曾提到，我们身边的大小店铺其实就是一个个的信息孤岛，我们只是做了一个工作，把这些孤岛互联，让各个便利店的信息实现共享。具体说来，就是打通线上线下店铺，实现智能化统一管理，最核心的价值就是实现本地化商业服务效率的最大化。

自2014年下半年起，云媒股份进入高速发展期，公司核心科研实力增强和满足不同层次客户需求的能力提升，公司业务持续扩展，市场认同度也不断上升。营业收入较2013年同期增长391.25%，净利润较2013年同期增长870.52%。公司产品技术与服务日趋完善，并加大了市场营销力度。另外，公司在2015年加大了对研发资金的投入，保障了智能化商业系统的完善与提升。

2014年，公司被山东省软件和信息服务业协会授予"山东省软件和信息服务业协会会员单位"，以此为起点，云媒股份一路所向披靡。2015年，公司参与《你就是奇迹》商业项目评选大赛，顺利进入"全国总决赛十六强"。优秀的商业项目从一开始就得到资本的关注，赛场上的优异表现更是刺激了资本的加入。创新的能力、精湛的技术、优秀的团队，云媒股份的这些优点正是资本考核的要点，云媒股份在新三板挂牌上市也因此顺理成章。2015年3月，云媒股份正式挂牌新三板。

当前，公司的商业模式正在不断完善，公司的业务模式正在全面系统地展开，加入智能化商业系统的商户不断增加，至2015年上半年，公司已签约2000余家商户。未来随着商户的逐步增多，为商户提供的更便捷、优质的购物及其他服务享受，将吸引更多消费者、更多优质的商户加入系统，至此实现云媒智能化商业系统的全新商业模式大融合。

插上资本的翅膀

中国O2O的发展归因于中国互联网的普及，移动智能终端的快速大规模覆盖，电子商务平台的迅速扩张，以及传统商业活动的突破和新增长点的推动。随着中国O2O市场的演变，一个清晰的商业路径逐渐建立。它实现了与信息社会基础架构发展的共同突破，并升级了传统行业。云媒股份抓住先机，走在了O2O的最前端。作为行业领导者，云媒股份一直是资本关注的焦点，云媒智能化商业系统建设成为投资的重要方向。

在投资圈里有一句"金科玉律"：投资时机的把握对投资结果的影响是最大的，但也是最为困难的。业内也有专家表示，投资新三板，选择企业与时机很重要。选择企业首先要看有无核心技术，最好选择高新技术类企业；在时机方面，如果在企业新三板挂牌前进入，投资回报率将会更高。

2014年，云媒股份增资扩股，准备接受部分投资者入股。这一消息传出后，公司便获得各路资本的关注，可以说广受追逐。2014年5月，券商、会计师事务所、律师事务所进驻公司，正式启动新三板上市工作。2015年3月，新三板挂牌审核通过，云媒股份正式上市。2015年6月，云媒股份由协议转让变更为做市转让，当日转让成交价格为每股49.6元，企业估值约5.5亿元。

云媒股份作为初创期、科技含量较高、自主创新能力较强的高科技股份有限公司，挂牌新三板，收获颇丰：首先，拓宽了云媒股份的融资渠道，完善了公司的资本构成，使得公司成功与资本市场对接，挂牌后可以通过新三板进行市场化的兼并、收购、股权转让、债权融资、股权激励、员工持股等，资本运作功能较为齐全；其次，引导公司规范化运作。新三板的挂牌条件要求公司治理结构完善、运作规范，这会提高企业的管理水平，交易所、协会、主办券商对企业管理层、董秘进行系统的培训，主办券商持续对公司治理、经营管理、业务发展提供专业意见，使公司更加规范、专业；再次，加大了公司转板上市的可能性。由于新三板挂牌条件较低，企业只要满足存续两年和符合一些基本规定即可申请，对财务指标没有明确的要求，采用建议核准制（备案制）代替核准制，使流程缩短至 5~8 个月，但长远来看，转板制度的出台使中小企业更便利地实现 IPO。

科技公司在中国资本市场的缩影
——中搜网络的上市之路

提起中搜网络（430339），业内无不知道这家老牌互联网公司——掌握着先进的搜索引擎技术，曾经与百度并驾齐驱，甚至在企业用户市场占有率曾超过50%。

而在中国资本市场，中搜网络的案例也同样家喻户晓。公司曾远赴海外IPO，曾亲手拆除VIE（Variable Interest Entities，可变利益实体）架构投奔创业板，而最终选择在新三板挂牌，并成为赫赫有名的"中国网络第一股"。

中搜网络的上市之路，是典型的互联网公司在中国资本市场的样本。中搜网络总裁陈沛曾对媒体感叹道："互联网公司远赴海外IPO是被中国资本市场逼出去的。中搜网络是曾经的受害者，但也有可能是中国资本市场转型过程中的受益者。"

为搜索而生

陈沛说自己一辈子只做了两件事，一是搜索引擎，二是第三代搜索引擎。"我这辈子就是为搜索而生的。"他如此定义道。

十几年前的中国搜索引擎市场被雅虎、谷歌等海外互联网公司把持，无论从国家信息安全角度，还是从日益增长的中文搜索业务需求来看，市场都亟待中文搜索引擎技术的出现。

2002年，彼时还归属于慧聪网搜索业务的中搜网络凭借中文搜索引擎技术切入市场。2003年，中搜网络与中国互联网新闻中心（中国网）联合发起成立"中国搜索联盟"，其联盟成员超过5000家，"中搜"正式成立，并推出搜索门户www.zhongsou.com及新闻中心。很快，不仅搜狐、新浪、网易、TOM四大门户网站，而且包括新华网、人民网等在内的600多家中文网站都变成了中搜的合作伙伴或资源网站，整个行业的格局为之改变。到 2003 年 12 月，中国搜索联盟已经占据了国内 50% 以上的市场份额。

搜索引擎技术拥有超高门槛，可以说谁掌握了它，谁就能称霸互联网，比如当初的百度和中搜，这也就是当时 IDG 资本仅选择这两家企业押宝的原因。

2004 年 1 月，坐拥市场与技术两驾马车的中搜时机成熟，正式脱离慧聪网。然而回顾公司发展历程，陈沛认为这次拆分来得太晚。在拆分之前，中搜不是独立个体，并不为外界所知。拆分出来时，只有竞争对手知道中搜，很多新用户并不知道。

2005 年，百度抢先在美国纳斯达克敲钟。当天股价飙升到了 126 美元／股，一夜之间变成了市值几十亿美元的巨无霸。伴随着百度上市，国内外投资基金对中国搜索引擎类公司不断示好。这其中，主打"第三代搜索引擎"的中搜很自然地被列为重点目标。仅在百度上市两周的时间内，富达基金、IDG 资本和联想控股便联手投资 4000 万美元给中搜。

在百度赴美上市的同年，中搜推出桌面客户端搜索引擎"网络猪"，谋求占领用户电脑桌面，但由于百度借资本之力迅速壮大，同质化的技术和产品很难让中搜超越百度。为避免正面冲突，中搜将主营业务由之前的搜索引擎转向了利用已有的技术平台为国内的企业服务。当时中搜的合作伙伴还主要是企业级用户，针对行业互联网市场的迫切需求，中搜开始推出企业级平台，这是中搜日后推出电子商务产品的雏形。正是从这个时候开始，中搜开始建立一个庞大的服务性团队，帮助企业建立平台并且协助运营与维护，从规划、培训开始帮助企业做电子商务。

然而，"为搜索而生"的陈沛并没有放弃对搜索引擎技术的探索与追求。2011 年 10 月，"第三代搜索引擎"经过 8 年打磨终于亮剑。"第三代搜索引擎"首次提出搜索结果标准（CIVIA），通过开放后台把人类知识融入搜索结果。这种新一代的搜索，将从技术驱动向知识驱动转移。"搜索一定需要发生某种变革，以满足互联网信息不断增长所带来的困难。"按照中搜总裁陈沛的定义，所谓的第三代搜索，即是解决人与信息的问题。

移动互联网的飞速发展将中搜再次推向风口浪尖。以第三代搜索引擎技术、云计算为基础，2013年底，中搜推出了针对个人用户的移动互联网产品"搜悦"，迅速切入移动互联网，完成了由企业用户向个人用户的一次回归。

"搜悦"面向个人用户提供涵盖个性化的信息服务、社区、电子商务等类型的常用服务，其目标是成为移动互联网的入口级App。而针对企业用户的"中搜生态云平台"，以云服务的模式提供移动互联网技术解决方案及运营服务支持，支持行业类、企业类/社区类、智慧城市类的"互联网+"应用，打造基于技术、信息、用户、流量共享的移动互联网生态系统。

至此，中搜的个人用户和企业用户形成完整的生态闭环，公司也转型成为领先的移动生态系统提供商与运营者，一个庞大的移动生态帝国正在形成。

回归国内资本市场

2005年，中搜获得第一轮境外资本融资，在引入境外资本后开始着手在纳斯达克上市。当时的手法是构建企业国外上市常用的红筹架构。

鉴于境内对增值电信行业的产业政策限制，红筹架构实际上是当时寻求上市的互联网企业普遍采用的一种模式，搜狐、新浪、百度等国内龙头互联网公司的上市都采用了这种办法。

2005年至2009年，中搜在开曼群岛设立China Search Inc.（简称"CSI"），以CSI控股当时在国内的中搜网络的经营实体，冲刺纳斯达克。

然而，军人出身的陈沛心中仍有担忧，一直和信息打交道的他深知信息安全的重要性。"安全是互联网发展的前提和基础。中国应有步骤地扶植起一批有自主知识产权、有成长潜力的公司，建立起完全自主、安全可控的信息软硬件系统、网络平台及服务平台，确保国家网络安全和信息安全。"陈沛不止一次地表示。

2009年10月，创业板开市钟声敲响，让陈沛看到回归国内资本市场的希望。中国证监会耗费10年磨砺而成"创业板"，其初衷正是针对支持高科技类等新兴产业公司，这看似完全符合当时中搜网络的业务定位。

于是，怀抱一腔"民族主义情结"的陈沛开始着手拆除VIE架构。2010年整整一年，中搜网络都在处理解散红筹架构极其烦琐的后期工作。2011年底股改之后，中搜由有限责任公司变更为股份有限公司，完成股改当年实现净利润6015万元；2012年中搜网络再度交出漂亮的财务成绩单，归属于母公司股东的净利润4122万元。连续三年实现盈利，公司创业板IPO的梦想日益逼近。

但就在公司信心满怀地希望借助国内资本市场的力量大展拳脚之际，却迟迟没能等到IPO审核通过的消息。由于股指低迷，IPO自2012年下半年开始关闸。

彼时移动互联网机遇已摆在眼前，是等待IPO开闸还是赶在时代的脚步之前投身新业务，是摆在中搜网络面前的选择。陈沛回忆说："这并不仅仅关乎上市地位。互联网技术一日千里，很多好的规划都应该及早布局，但是为了满足在申请上市时的报表要求，公司不得不忍痛放弃很多好的项目。"

2013年年中，负责中搜网络上市的保荐券商——中信建投证券建议陈沛将计划由创业板上市改为去新三板挂牌。综合国内资本市场形势以及现实资金需求，陈沛接受了这一建议。

对于选择挂牌新三板，陈沛是基于这样一番考虑：当年的创业板开闸无期，但新三板一旦扩容，会变得越来越好。另外，2013年移动互联网迅猛发展，中搜自身面临巨大的转型挑战，如果苦等创业板，中搜可能还被绑在财务报表上，为了盈利不能转型，这是企业发展过程中短期目标与长期目标的巨大矛盾。但如果上新三板，问题会迎刃而解。

2013年11月,中搜正式在新三板挂牌。趁着移动互联网风起云涌,中搜在移动互联网方面实行个人用户和企业用户两条战略:为个人用户提供涵盖个性化信息服务、兴趣圈、电子商务及互联网金融为一体的移动互联网入口级产品——搜悦;为企业用户以生态云平台方式提供完整的移动互联网解决方案,是名副其实的移动生态企业。在这一生态系统中,所有的技术、用户、流量,中搜都可以与平台合作者进行共享,这对欲转型移动互联领域的传统企业具有很强的吸引力。

生态型公司值千亿,这是互联网行业的共识。因此,中搜网络挂牌新三板,迅速便成为新三板最为活跃、交易量最大的几只股票之一。

回想中搜网络的上市历程,陈沛认为,因机制问题,中国大部分的优秀互联网企业被挡在A股市场之外,"远赴海外IPO,可以说是被中国资本市场逼出去的。而上新三板是我做得最对的一个决定。"他用辩证的思路来看待这个问题,中搜是中国资本市场的受害者,因为用传统标准来衡量互联网公司,企业价值会被严重低估;但在未来,中搜也有可能成为中国资本市场转型升级过程中的受益者。

中国资本市场的获益者

2013年11月,中搜网络在新三板挂牌。2014年6月18日,中搜网络完成第一笔定向融资(即向特定投资者增发股份以募集资金),融资金额不超过1亿元。

2014年11月,中搜网络发布公告称,拟定向发行融资金额不超过2.2亿元人民币。据了解,在此次定向增发之前,中搜网络刚于2014年7月完成1亿元融资。此次再度融资的价格为25元/股,按此价格计中搜网络市值已超12亿元,是当时新三板总资产最大的互联网公司。

从新三板交易历史数据中看到,自从2013年11月挂牌以来,活跃的交易记录显示，中搜网络是新三板市场的"牛股"之一。据不完全统计，2014年1—9月，中搜网络成交额位居新三板市场第3位，总额达1.26亿元，仅次于九鼎投资与卡联科技；换手率稳步增长，其中，第三季度换手率为11.58%。

2014年年底，中搜网络荣获第一财经新三板"华新奖"组委会颁发的"最受投资机构欢迎奖"；2015年1月21日，在"融资中国2014资本年会暨颁奖盛典"上，中搜网络获得"最具投资价值新三板公司"奖项。除此之外，2015年7月2日，由中小企业协会主办的"新三板与中小企业发展论坛"上，中搜网络获得了"2015年度新三板十大最具活力做市企业"以及"2015年度新三板十大最受关注挂牌企业"等殊荣。

2015年6月12日，全国中小企业股份转让系统和中证指数有限公司对三板成指（899001）、三板做市（899002）的样本股进行了定期调整，中搜网络进入名单。换手率、市值、成交量是入选新三板指数样本股的几个关键条件，只有这三个参考标的数据达标，才能入选，可见成分股是新三板公司的优秀代表。

另外，从2015年3月转为做市交易以来，中搜网络共有中信证券、中信建投、安信证券、东方证券、东北证券、齐鲁证券、国信证券、天风证券等8家证券机构成为中搜做市机构。强大的做市券商阵容，在新三板实属少见，大大增强了中搜股票的流动性，也显示了资本市场对中搜网络的强大信心。

中搜网络的高增长潜力来自于其全新的移动云平台服务模式，以及"开放共享、合作共赢"的理念。目前，中搜网络已与3000多家企业展开了基于中搜移动云平台的深度合作，其合作伙伴广泛分布于餐饮、旅游、财经、社会、健康、教育、文化、互联网、电子商务等各大领域，其中包括昆仑决、华普亿方、东方美食、北方汽车、企巢新三板、蒙牛等业内知名企业。此模式，可以助力传统行业客户迅速参与到移动互联网市场的顶级竞争中来。让移动互联网风暴席卷全国1023万中小企业，为企业在"互联网+"时代腾飞插上翅膀，共筑云商业模式，共同迈向成功。

后记

大学时候，写诗和泡图书馆是我的爱好，特别喜欢读印度诗人泰戈尔的诗，各种文学书籍读得多了，就有了写的欲望。曾经在大四的时候创作过小说，也写了一些散文、诗歌，但大多随手写完，便置于床底或抽屉。没事的时候自己拿出来欣赏一番，自娱自乐。还记得大三的时候，一篇散文被我同学从宿舍床垫下搜罗出来，叹为好文，偷着帮我寄到当地广播电台发表，被当作文艺青年邀请到电台做嘉宾，后话不提。

那个时候，我没有想过自己有朝一日会写一本金融方面的书。那个时代的梦想是成为一名文学作家，尽管我学的是经济学。

历经央企、海外上市公司职业经理人岗位，2004年，我参加北京和君创业管理咨询集团的早期团队，开始了我的企业咨询生涯。

从2004年到2013年，一直是昏天黑地忙。十年间，我咨询过的案例包括一汽富奥、神华集团、五矿发展、中南建设等一大批上市公司和众多民营企业。

和君创业是一个重思想研究的公司。和君创业早期的四个大合伙人——王明夫先生、李肃先生、彭剑锋教授、包政教授，尤其是李肃先生对我的影响和帮助是巨大的。李肃先生是国内咨询业的元老级人物和最早开创国内咨询业的专家，也是最早介入中国资本市场研究的专家，上个世纪80年代就作为北京社科院经济研究所副所长，在《世界经济导报》旗下的经济体制改革研究中心担任总经理。在中国股市早期股市柜台交易的时代，就开始参与大小飞乐等老八股的咨询。李肃先生咨询生涯接近三十年，历经无数国内经典案例。作为热点事件财经公关的风云人物，主持过达能和娃哈哈之争、黄光裕事件、苹果和唯冠商标之争等经济界重大事件的公关活动。

李肃先生是我的恩师。在十多年的咨询生涯中，我与李肃先生一起，主持和参与几百家企业的战略和资本运营咨询项目，深感李肃先生的战略思维、全球化视野和资本运营的博大精深。这个阶段，我也逐渐形成了对经济大势、企业管理、资本市场的独特理解。

开始研究新三板，始于2014年年初。3月份的一天，和君创业咨询公司原同事何沛钊先生兴冲冲地找到我，在海淀区的一个茶馆里，我们眉飞色舞地就新三板与中国资本市场的话题聊了一整天。我们分析了中国创业创新的大环境，分析了全球资本市场坐标，分析了国内经济政策的导向和背景，认定新三板未来必然会成为中国资本市场的中心，新三板投资也必将成为中国资本市场千载难逢的重大机遇。

正是从那个时候起，我开始深入研究新三板，与金融界人士不断交流新三板，开始不断为新三板"鼓"与"呼"。

其实，那个时候新三板刚刚从老三板转型过来，市场还比较冷，只有协议转让的交易方式，交易很不活跃，企业融不到资，挂牌数量也仅有三百余家，券商、投资机构、会计师事务所、律师事务所，甚至企业家都对新三板报以轻视的态度。

但事实证明我们的判断是非常正确的。仅仅5个月后，2014年8月25日做市商交易制度推行后，新三板便进入预期中的火爆状态。挂牌数量开始增多，市值不断攀升，交易量开始活跃，投资机构开始转型杀入新三板，2015年4月份达到巅峰状态。

那个时候，何沛钊先生是天星资本的主管合伙人，也带领着投资部开疆拓土，迎接资本市场的这轮机遇。作为投资界一家黑马公司，天星资本异常快速地成长，一年后，成为新三板投资数量最多、估值几百亿的创投界新秀。

我本人也投身到风起云涌的新三板金融投资领域。2014年，我联合中关村地区30家投资机构和企业作为发起单位，在中关村管委会的领导下，发起并成立了中关村中联企业金融投资创新促进会，并担任会长。这是中关村管委会下属三家全国性金融服务社团组织之一，以"引领中关村创业大潮，孵化国际化创新企业"为使命。协会成立后，围绕新三板，成功举办多场大型论坛和项目路演活动。同时，我又成立了中联睿银投资控股有限责任公司，我本人为公司主要股东并担任总裁的职务，进军新三板投资领域。中联睿银是一家围绕新三板全产业链，专注于向新三板挂牌及拟挂牌的优质企业进行"资本＋服务"的创新服务模式，全方位助力社会经济和产业结构转型，希望通过我的努力，可以帮助更多的优质企业开启资本运作的大门。

本书于2014年4月29号开始筹划出版事宜。为了鼓励新三板上市企业家和投资机构的参与，我们发起图书的众筹活动，在短短三个小时完成众筹，18家新三板上市公司企业家和新三板投资机构参与了预售众筹，众筹速度之快，开创了国内书籍众筹的先河，也让我们体验了众筹的力量。再次感谢北京腾股科技有限责任公司旗下要股权网、上海谊联股权投资基金管理有限公司、重庆赛卓股权投资基金管理有限公司、石家庄众业投资有限公司、上海北斗投资管理有限公司、深圳天乙和资本管理有限公司、天津市小微企业金融服务中心、北京天润康隆科技股份有限公司、香港慧钜集团、子沐（北京）基金管理有限公司、江苏柯瑞机电工程股份有限公司、天津伟力盛世节能科技股份有限公司、北京未来天下投资管理有限公司、深圳市前海高山榕信息技术有限公司、西安玖玖营销管理策划有限公司、芯漾微商移动互联网投资、深圳天乙和资本管理有限公司、大连艾米莉亚餐饮有限责任公司等参与众筹的机构，也感谢朋友们的大力支持和为本书出版做出的贡献。

感谢为本书提供专业评语和意见的新三板领域的专家们，包括太平洋证券监事会主席王大庆先生、东北证券股转系统部总经理胡乾坤博士、太平洋证券业务部副总经理王晨光先生、中兴华会计师事务所的合伙人赵恒勤先生、安博律师事务所的主任王守亮律师，以及中央新影资本管理公司总裁王冲先生、中瑞华锦资本管理公司的董事长王福兴先生等。

"产业为本，战略为势，金融为器，创新为魂。"我认为，新三板作为中国版的纳斯达克，必将成为推动中国创业创新大潮最重要的金融平台，也必将成为中国资本市场的重要组成部分。新三板是"大众创业，万众创新"国策的抓手、利器和落脚点，相信在未来几年，伴随着中国经济体制和金融体制的改革，新三板必将成为中国经济转型和创业创新的最重要的载体。我本人也希望借助中联睿银这个平台，致力于推动新三板的健康成长，通过服务帮助企业达到新三板的挂牌要求，通过投资放大所辅导企业的市场价值，全面助力中国经济转型。在此，也希望可以和各位有识之士合作，共同实现伟大的中国梦。